新 일본 문부성 공식 발음 표기법 **쓰기와 발음을 동시에!**

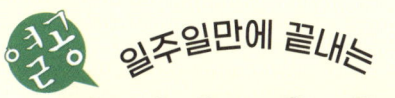

일주일만에 끝내는

일본어 글씨본

MP3 무료다운
www.donginrang.co.kr

동인랑

Digis 는 디지털 외국어 학습을 실현합니다.

머리말

일본어 쓰기와 발음을 동시에!
일주일만에 간단히 쓰면서 일본어 문자를 쉽게 외운다.

외국어를 배우는 목적은 각 개인의 필요에 따라 다르겠지만, 외국어를 통해 외국의 문화를 폭넓게 이해하고 나아가 우리의 문화를 외국에 전할 수 있도록 의사소통 능력을 키우는 것이 외국어 학습의 주목적이 될 것이다. 일본어도 외국어이므로 우선 듣고, 말하고, 읽고, 쓸 수 있도록 하는 것이 순서이다.

물론 언어를 배우는 가장 좋은 방법은 그 나라의 문화 속에서 자연스럽게 말을 배우고 나서 그 나라의 언어를 이루고 있는 문자를 익히는 것이다. 하지만 일본어를 처음 배우기 시작할 때 우리는 부득이 문자를 외우고 단어를 외우는 과정을 거치게 된다. 그러나 일본어를 처음 배우는 학습자들은 50음도를 단순히 외우고 쓰는 일에 싫증을 내어 일본어에 대한 흥미를 잃게 되는 경우를 종종 보게 된다.

일본어는 우리말과 같은 한자권의 언어이기 때문에 쉽게 느껴지지만 처음 배우기 시작하는 학습자들에게는 문자가 생소하고, 발음 또한 우리말과 다르기 때문에 처음에 제대로 쓰고 발음하는 것이 중요하다.
따라서 일본어를 전혀 모르는 완전 초보자를 위해 어떻게 하면 일본어의 문자를 쉽고 빠르게 익힐 수 있는가를 생각하여 일본어의 문자인 ひらがな 히라가나 와 カタカナ 가타카나 를 실생활에서 사용하는 단어들을 위주로 구성하였다. 한 나라의 언어를 습득하기 위한 최상의 비결은 꾸준히 반복하여 노력하는 것이다.

시작이 반이라는 말이 있듯이 꾸준히 노력하여 아무쪼록 이 교재가 여러분들의 일본어 학습에 튼튼한 기초가 되기를 바란다.

이 책의 특징

① **쓰기연습만으로도 실생활 단어실력이 함께 UP**
실생활에 많이 쓰이는 단어들을 예로 하여 쓰기연습을 할 수 있도록 하였다. 쓰기연습만으로도 단어 실력이 업된다.

② **발음과 쓰기를 동시에 학습**
짧은 시간에 많은 것을 학습해야 하는 부담을 줄이기 위해 일본어의 발음과 쓰기 학습을 동시에 할 수 있도록 일본인이 녹음한 발음을 제공한다. 들으면서 연습하자.

③ **쓰기 방법을 포인트 ポイント 로 알려주는 제대로 된 쓰기연습**
각 글자마다 주의할 점을 포인트로 꼭 집어 알려주어 외우기 쉽고, 제대로 글자연습을 할 수 있다.

④ **ひらがな 히라가나 먼저 カタカナ 가타카나 는 그 다음에**
일본어는 주로 ひらがな와 カタカナ, 한자 등이 쓰이지만 평소 ひらがな가 가장 많이 쓰이므로 ひらがな를 완전히 익힌 다음 カタカナ를 연습하도록 하였다.

⑤ **착각하기 쉬운 ひらがな 히라가나 와 カタカナ 가타카나**
마지막 부분에 서로 비슷하게 생겨 틀리기 쉬운 글자들을 모아 놓아 따로 확인할 수 있도록 하였다.

⑥ **너무 많지 않은 꼭 필요한 분량의 쓰기연습**
너무 많지도 적지도 않게 쓰며 외우기 적당한 분량만을 제시하여 지겹지 않게 확실히 외우고 연습할 수 있도록 하였다.

차례 Contents

머리말 • 3   이 책의 특징 • 4   차례 • 5

오십음도표 • 6   일본어 문자 • 8   문자의 자원 • 9

단段과 행行 • 10   촉음과 발음 그리고 장음 • 10

*ひらがな 히라가나

1. 청음   14
2. 탁음   34
3. 반탁음   42
4. 요음   44

모양이 비슷한 ひらがな   47

총연습 ひらがな   48

*カタカナ 가타카나

1. 청음   50
2. 탁음   70
3. 반탁음   74
4. 요음   75

모양이 비슷한 カタカナ   78

총연습 カタカナ   79

오십음도 五十音図

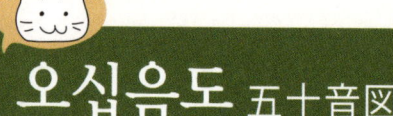

ひらがな

	あ단	い단	う단	え단	お단
あ행	あ 아 a	い 이 i	う 우 u	え 에 e	お 오 o
か행	か 카 ka	き 키 ki	く 쿠 ku	け 케 ke	こ 코 ko
さ행	さ 사 sa	し 시 shi	す 스 su	せ 세 se	そ 소 so
た행	た 타 ta	ち 치 chi	つ 츠 tsu	て 테 te	と 토 to
な행	な 나 na	に 니 ni	ぬ 누 nu	ね 네 ne	の 노 no
は행	は 하 ha	ひ 히 hi	ふ 후 fu	へ 헤 he	ほ 호 ho
ま행	ま 마 ma	み 미 mi	む 무 mu	め 메 me	も 모 mo
や행	や 야 ya	い	ゆ 유 yu	え	よ 요 yo
ら행	ら 라 ra	り 리 ri	る 루 ru	れ 레 re	ろ 로 ro
わ행	わ 와 wa	い	う	え	を 오 o

ん 응 n·m·ŋ·N

*위의 영어발음 표기는 헤본식 ヘボン式 표기로 여권 등에 사용하는 공식표기법이다.

カタカナ

	ア단	イ단	ウ단	エ단	オ단
ア행	ア 아 a	イ 이 i	ウ 우 u	エ 에 e	オ 오 o
カ행	カ 카 ka	キ 키 ki	ク 쿠 ku	ケ 케 ke	コ 코 ko
サ행	サ 사 sa	シ 시 shi	ス 스 su	セ 세 se	ソ 소 so
タ행	タ 타 ta	チ 치 chi	ツ 츠 tsu	テ 테 te	ト 토 to
ナ행	ナ 나 na	ニ 니 ni	ヌ 누 nu	ネ 네 ne	ノ 노 no
ハ행	ハ 하 ha	ヒ 히 hi	フ 후 fu	ヘ 헤 he	ホ 호 ho
マ행	マ 마 ma	ミ 미 mi	ム 무 mu	メ 메 me	モ 모 mo
ヤ행	ヤ 야 ya	イ	ユ 유 yu	エ	ヨ 요 yo
ラ행	ラ 라 ra	リ 리 ri	ル 루 ru	レ 레 re	ロ 로 ro
ワ행	ワ 와 wa	イ	ウ	エ	ヲ 오 o

ン 응 n·m·ŋ·N

일본어 문자

일본어를 표기하는데 사용하는 문자는, ひらがな 히라가나 · カタカナ 가타카나 · 漢字 한자가 주로 쓰이고 있으며, 보조적으로 알파벳, 아라비아 숫자 등이 사용된다.

① 히라가나 ひらがな

한자의 초서체를 바탕으로 해서 헤이안 시대 平安時代 9~10세기 경에 귀족층의 여성들에 의해 씌어졌으며, 주로 아름다운 곡선을 많이 사용하는 문자로, 한자와 함께 가장 많이 쓰이는 문자이다.

예) 世 인간 세 ⟶ せ [se : 세]   毛 털 모 ⟶ も [mo : 모]

② 가타카나 カタカナ

한자의 일부분을 따거나 획을 간략히 한 문자로 초기에는 승려들이 불서 등의 강독을 하며 표기한 것으로 9~10세기 경에 완성되었다. 처음에는 보조적인 문자로 쓰였으나 지금은 외래어 표기 · 의성어 · 의태어 · 전보문 · 외국의 인명이나 지명 · 전문용어 · 특별히 강조해서 표기할 경우 등에 사용된다.

예) 世 인간 세 ⟶ セ [se : 세]   宇 집 우 ⟶ ウ [u : 우]

③ 한자 漢字

3세기 초 백제의 왕인 王人 박사에 의해 천자문과 논어가 전해지면서 한자가 쓰이기 시작했고, 한자의 음音과 훈訓을 섞어서 일본식으로 읽는다.

4 오십음도 五十音図

한글의 가, 나, 다… 순서와 같이, 일본어의 かな문자를 발음체계에 따라 5자씩 10개의 행行으로 배열한 표를 말한다. 같은 모음으로 배열된 것을 단段이라고 하는데 5개의 단段 [あ단・い단・う단・え단・お단]이 있다. 또한 같은 자음으로 배열된 것을 행行이라고 하는데 10개의 행行 [あ행・か행・さ행・た행・な행・は행・ま행・や행・ら행・わ행]이 있다. 이것은 사전이나 전화번호부 등을 찾을 때와 동사의 어미변화를 배울 때 사용함으로 순서를 외워두자.

문자의 자원 字源

① ひらがな의 자원 字源

한자의 초서체를 바탕으로 하여 만들어진 문자로 모양이 부드럽고 둥글게 되어 있으며 한자의 음이 우리말과 같거나 비슷한 문자가 많다.

 加 더할 가 ……▶ か [ka:카]   計 셈 계 ……▶ け [ke:케]

② カタカナ의 자원 字源

한자의 변邊과 방傍, 또는 그 일부분을 따서 만든 글자로 글자체가 직선적이어서 쓰기 쉬운 편이다.

예 三 석 삼 ……▶ ミ [mi:미]   天 하늘 천 ……▶ テ [te:테]

단段과 행行

1 단段

앞의 오십음도에서와 같이 세로로 배열한 글자를 **단**段이라고 한다.
あ단・い단・う단・え단・お단의 5개의 단段이 있다.

예) **あ단** あ・か・さ・た・な 와 같이 한 글자(음절)의 모음 부분이 [a] 음인 글자의 집합이다.
　　　　　[a] [ka] [sa] [ta] [na]

2 행行

가로로 배열한 글자를 **행**行이라고 한다. あ행・か행・さ행・た행・な행…의 10개의
행行이 있다.

예) **か행** か・き・く・け・こ… 와 같이 한 글자(음절)의 자음부분이 [k] 음인 것의 집합이다.
　　　　　[ka] [ki] [ku] [ke] [ko] 다만 あ행의 경우만은 자음부분이 없으나 편의상 あ행이라고 한다.

촉음과 발음 그리고 장음

1 촉음 促音:っ

촉음促音이란 っ를 말하며, っ를 작게 써서 글자의 오른쪽 하단에 붙인다. 발음은 짧게 끊되 한 박자의 길이를 갖는다. 우리말의 받침 ㄱ・ㄷ・ㅂ・ㅅ 과 같은 역할을 하며, 뒤에 오는 자음에 따라 [k]・[t]・[p]・[s] 가 된다.
숨이 막혔다가 터지듯이 나오므로 이를 막힘소리, 혹은 **つまるおん**이라고도 하며, 바로 뒤에 오는 자음은 된소리가 된다. 촉음이 있는 것과 없는 것에 따라 의미와 발음이 달라진다.

かて [kate] 식량　　　かって [katte] 부엌, 살림

1. [k] ······ っ＋か 행음　　예 さっか [sakka] 작가　　がっき [gakki] 악기
2. [p] ······ っ＋ぱ 행음　　예 いっぱい [ippai] 한 잔　　にっぽん [nippoɴ] 일본
3. [t] ······ っ＋た 행음　　예 おかって [okatte] 부엌, 살림　けってん [ketteɴ] 결점
4. [s] ······ っ＋さ 행음　　예 ねっしん [nessiɴ] 열심히　　けっせき [kesseki] 결석

2 발음 撥音 : ん

발음 撥音이라는 것은 ん를 말한다. ん은 단독으로 쓸 수 없으며, 항상 모음 뒤에서 발음된다. 뒤에 붙는 음에 따라 「m・n・ŋ・ɴ」으로 각각 발음되고, 발음의 길이는 보통 ひらがな나 カタカナ 하나가 발음되는 시간과 같다. 다시 말해 ひらがな나 カタカナ가 한박자의 길이를 갖는다면 ん또한 한박자의 길이를 갖는다.

1. [m] ······ ま・ば・ぱ 행 앞에 올 때
   예 さんまい [sammai] 3장　とんぼ [tombo] 잠자리　かんぱい [kampai] 건배

2. [n] ······ た・だ・な・ら・さ・ざ 행 앞에 올 때
   예 はんたい [hantai] 반대　あんだ [anda] 안타　みんな [minna] 모두
   예 こんらん [konraɴ] 혼란　せんせい [sense:] 선생님　きんぞく [kinzoku] 금속

3. [ŋ] ······ か・が 행 앞에 올 때
   예 ぎんこう [giŋko:] 은행　まんが [maŋga] 만화

4. [N] …… 단어의 끝이나, あ·や·は·わ 행 앞에 올 때
   - 예 ほん [hoN] 책   れんあい [reNai] 연애   ほんや [hoNya] 책방
   - 예 ぜんぱんせん [zempanseN] 전반전   でんわ [deNwa] 전화

3 장음 長音

우리말과 달리 일본어에서는 표기나 발음에 있어서 장음과 단음이 분명히 구별된다. ひらがな는 모음인 あ행[あ·い·う·え·お]를 사용하고, カタカナ는 ー로 표시하며 한 박자의 길이를 갖는다.

> あ[a] …… ああ [a:],   いえ [ie] …… いいえ [i:e]

1. あ단 뒤에는 あ
   - 예 おかあさん [oka:saN] 어머니   おばあさん [oba:saN] 할머니

2. い단 뒤에는 い
   - 예 おにいさん [oni:saN] 형님   おじいさん [oji:saN] 할아버지

3. う단 뒤에는 う
   - 예 すうがく [su:gaku] 수학   ゆうめい [yu:me:] 유명

4. え단 뒤에는 い/え
   - 예 せいと [se:to] 학생   とけい [toke:] 시계   おねえさん [one:saN] 언니, 누나

5. お단 뒤에는 う/お
   - 예 おとうと [oto:to] 남동생   とおい [to:i] 멀다

6. カタカナ의 장음은 ー
   - 예 ワープロ [wa:puro] 워드프로세스   サービス [sa:bisu] 서비스

ひらがな

🌼 미리 알아두기

글자의 유래

あ安	か加	さ左	た太	な奈	は波	ま末	や也	ら良	わ和
い以	き幾	し之	ち知	に仁	ひ比	み美		り利	
う宇	く久	す寸	つ川	ぬ奴	ふ不	む武	ゆ由	る留	
え衣	け計	せ世	て天	ね禰	へ部	め女		れ礼	
お於	こ己	そ曾	と止	の乃	ほ保	も毛	よ与	ろ呂	を遠	ん无

1. 청음

청음이란, 일본어의 오십음도에 나와 있는 음들을 말한다. 성대에 손을 대고 발음을 해보면 거의 떨림이 없이 일정하다는 것을 알 수 있다.

| あ행 | あ 아 [a] | い 이 [i] | う 우 [u] | え 에 [e] | お 오 [o] |

※ 발음

あ행의 발음은 우리말의 아·이·우·에·오 와 비슷하지만, う와 お는 입술을 둥글게 하지 않고 발음하며, う는 우리말의 으 와 우의 중간 발음에 가깝다.

あめ 사탕

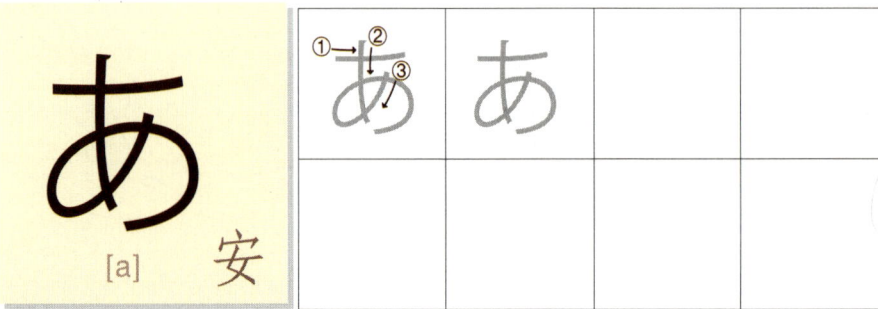

あ [a] 安

ポイント 1획과 2획이 직선이 되지 않도록 둥글둥글하게 쓴다.

いちご 딸기

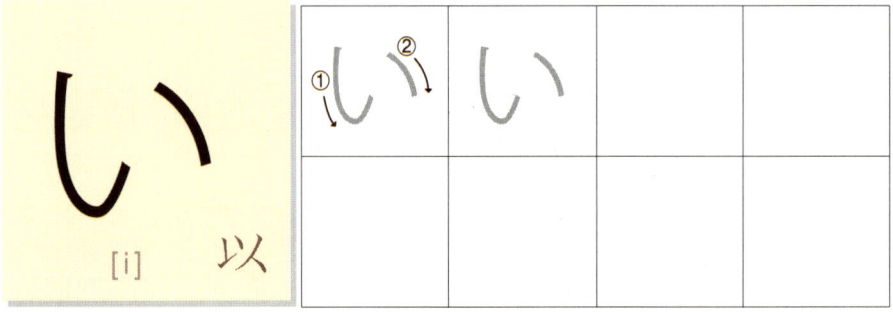

い [i] 以

ポイント り가 되지 않도록 왼쪽 획은 길고 오른쪽 획은 짧게 쓴다.

うどん 우동

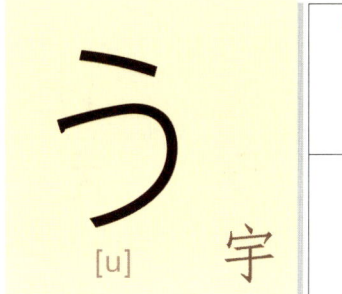

う [u] 宇

🍙 ポイント　1획을 작게 하고 2획이 ㄱ과 같이 꺾이지 않도록 쓴다.

えき 역

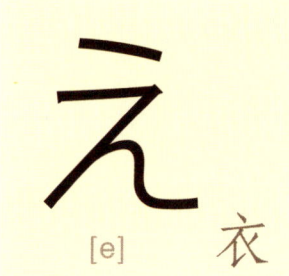

え [e] 衣

🍙 ポイント　△형의 모양으로 1획의 점은 중앙의 위에 작게 찍는다.

おでん 오뎅

お [o] 於

🍙 ポイント　1획은 짧게 긋고 2획은 수직선을 길게 내려 그은 다음 삐쳐 올린다.

か 행

か　き　く　け　こ
카 [ka]　키 [ki]　쿠 [ku]　케 [ke]　코 [ko]

❋ 발음

か 행의 발음은 우리말의 가·기·구·게·고 보다는 약간 된소리이지만 카·키·쿠·케·코 처럼 너무 강하게 발음하지 않도록 한다.

かさ 우산

[ka] 加

🍙 ポイント　1획의 처음 부분을 힘있게 시작하여 직각이 되지 않도록 둥글게 쓴다. 3획은 너무 멀지 않도록 한다.

きもの 기모노

[ki] 幾

🍙 ポイント　1획은 2획보다 짧게 쓰고 3획의 끝 부분이 멈춰지도록 한다.

くすり 약

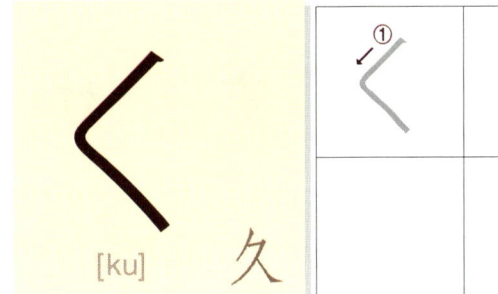

🍙 **ポイント** 좁은 직사각형의 글자로 힘있게 눌러 쓰다가 가운데 부분에서 힘을 약간 뺀다음 꺾이지 않게 쓴다.

けいさつ 경찰

🍙 **ポイント** □형의 모양으로 1획은 끝 부분을 삐쳐 올리며 3획은 약간 길게 뺀다.

こたつ 고다츠

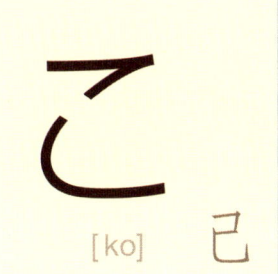

🍙 **ポイント** 1획은 2획보다 짧다. 2획의 끝부분은 눌러서 멈춘다.

さ행

さ	し	す	せ	そ
사 [sa]	시 [shi]	스 [su]	세 [se]	소 [so]

❈ **발음**

さ행은 우리말의 사·시·스·세·소를 부드럽게 발음하듯이 한다. 입은 크게 벌리지 않는 것이 좋다.

さしみ 사시미 회

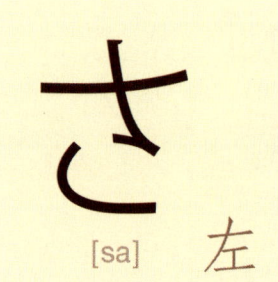
さ [sa] 左

🍙 ポイント 한 획으로 연결된 것 같이 쓴다.
2획의 끝 부분은 빼지말고 힘을 넣어 멈춘다.

しお 소금

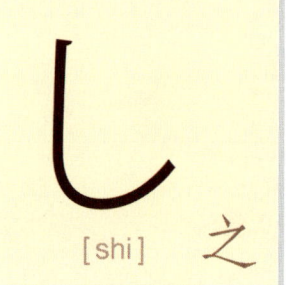
し [shi] 之

🍙 ポイント 한 번에 선을 긋는다. 아래 부분이 꺾이지 않도록 한다.

すし 스시 초밥

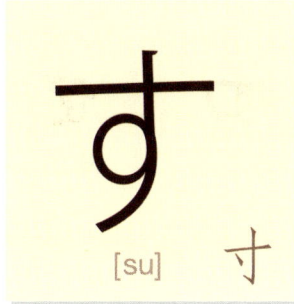

[su] 寸

🍙 ポイント 1획을 길게 하고 2획은 내려 긋다가 한 바퀴 돌려 뺀다.

せいと 학생

[se] 世

🍙 ポイント 1획을 약간 올려 길게 긋고 3획은 둥글게 쓰다가 멈춘다.

そば 메밀국수

[so] 曾

🍙 ポイント 마름모꼴이 되도록 2획을 길게 쓰되 단숨에 쓴다.
そ라고 2번에 나누어 쓰기도 한다.

た행

た	ち	つ	て	と
타 [ta]	치 [chi]	츠 [tsu]	테 [te]	토 [to]

🌸 **발음**

た·て·と는 타·테·토보다 약하게 발음하되 단어의 중간에 있을 때는 따·떼·또 보다 약하게 들린다.

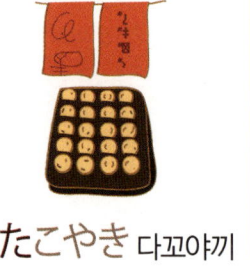

たこやき 다꼬야끼

[ta] 太

🍙 ポイント 1획을 짧게 살짝 올리고, 2획은 비스듬히 길게 쓴다. 3획과 4획은 너무 좁거나 넓지 않도록 한다.

ちず 지도

[chi] 知

🍙 ポイント さ와 혼동하지 않도록 2획을 시계방향으로 돌려 뺀다.

つき 달

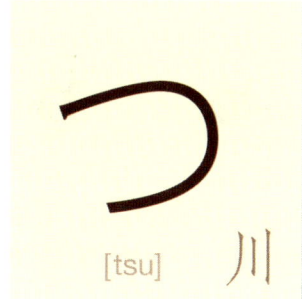
[tsu] 川

🍙 ポイント　힘있게 펜을 대고 단숨에 시계방향으로 돌려 뺀다.

てがみ 편지

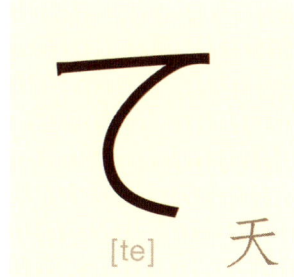
[te] 天

🍙 ポイント　▽형 모양의 글자로 약간 올려 쓰다가 반대쪽 방향으로 꺾어 단숨에 긋는다.

とうふ 두부

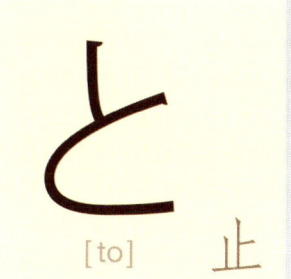
[to] 止

🍙 ポイント　1획은 약간 비스듬히 내려 긋고 2획은 글자의 균형이 잡히도록 둥글게 받쳐준다.

な행

な　に　ぬ　ね　の
나 [na]　니 [ni]　누 [nu]　네 [ne]　노 [no]

발음

な행은 우리말의 나·니·누·네·노 음과 비슷하다.

なまビール 생맥주

な [na] 奈

ポイント 1획과 2획을 비스듬하게 긋고 3획과 4획은 한 획처럼 둥글게 돌려내려 쓰고 끝을 멈춘다.

にじ 무지개

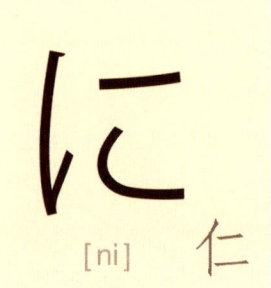
に [ni] 仁

ポイント ㅁ형 글자로 1획은 끝을 삐쳐 올리고, 2획과 3획의 간격이 너무 넓거나 좁지 않게 한다.

ぬいぐるみ
봉제인형

ぬ [nu] 奴

🍙 ポイント   좁은 직사각형의 글자로 힘있게 눌러 쓰다가 가운데 부분에서 힘을
약간 뺀다음 꺾이지 않게 쓴다.

ねぎ 파

ね [ne] 禰

🍙 ポイント   정사각형 글자로 1획은 수직으로 내려 긋고 2획은 단숨에 시계방향
으로 둥글게 그어 멈춘다.

のりまき 김밥

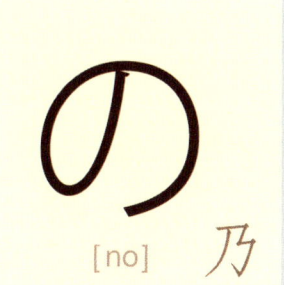

の [no] 乃

🍙 ポイント   1획으로 대각선을 긋고 단숨에 시계방향으로 돌려 뺀다.

は행

は　ひ　ふ　へ　ほ
하 [ha]　히 [hi]　후 [fu]　헤 [he]　호 [ho]

🌸 발음
は 행의 발음은 우리말의 하·히·후·헤·호 음과 비슷하게 발음한다. ふ는 촛불을 끌 때의 입술모양으로 발음한다.

はし 젓가락

[ha] 波

🍙 ポイント　1획의 처음 부분을 힘있게 시작하여 직각이 되지 않도록 둥글게 쓴다. 3획은 너무 멀지 않도록 한다.

ひこうき 비행기

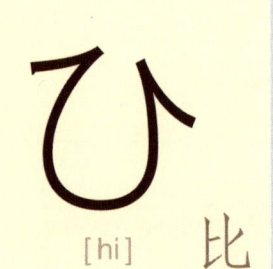

[hi] 比

🍙 ポイント　약간 올리다가 시계 반대방향으로 꺾어 둥글게 하고 끝 부분은 밑으로 꺾어 내려 멈춘다.

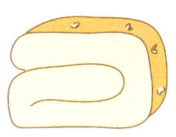

ふとん 이불

ふ [hu] 不

🍙 ポイント △형 글자로 1획의 점을 힘주어 찍고 2획은 부드럽게 곡선을 그리며 내린다. 다음 3, 4획을 붓으로 이어 쓰듯이 긋는다.

へや 방

へ [he] 部

🍙 ポイント 누운 직사각형의 모양으로 1획으로 쓴다.

ほし 별

ほ [ho] 保

🍙 ポイント □형 글자로 1획은 아래로 그어 삐쳐 올리고 「王」자를 쓰듯이 한 다음 아래를 둥글게 하고 멈춘다.

ま행

ま	み	む	め	も
마 [ma]	미 [mi]	무 [mu]	메 [me]	모 [mo]

✿ 발음

ま행은 우리말의 마·미·무·메·모 와 같이 양 입술에서 나는 음에 가깝다.

まくら 베개

ま [ma] 末

🍙 ポイント 직사각형 글자로 1획은 2획보다 길게 쓰고 3획은 수직으로 내려 긋다가 둥글게 하여 멈춘다.

みかん 귤

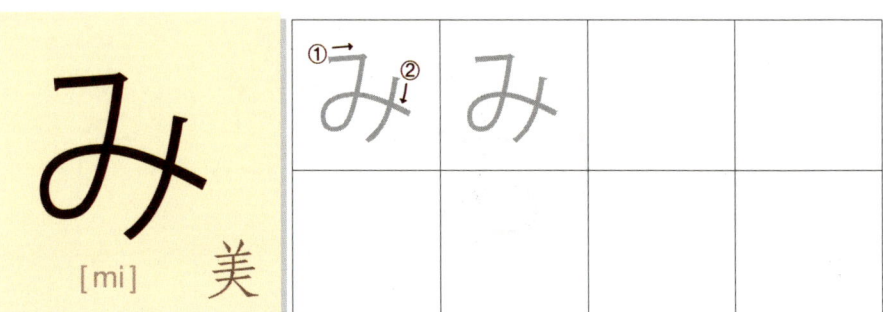

み [mi] 美

🍙 ポイント △형 글자로 1획의 부분은 짧게 한다. 2획은 너무 길지 않게 쓴다.

むすこ 아들

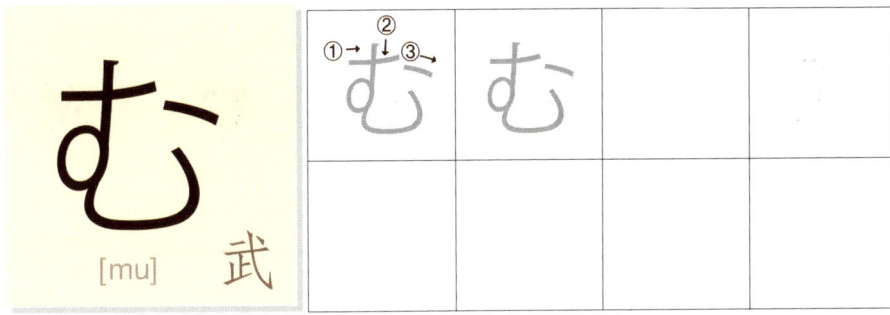

ポイント ㅁ형 글자로 2획은 단숨에 돌려야하고 3획은 약간 높은 위치에 찍는다.

めがね 안경

ポイント 1획은 비스듬히 짧게 내리고 2획은 시계방향으로 단숨에 돌려뺀다.

もも 복숭아

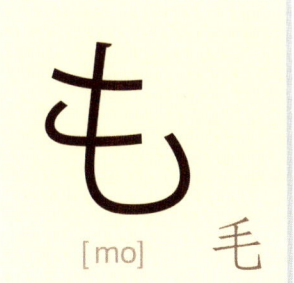

ポイント 1획은 붓을 눌러 단숨에 긋고, 2·3획은 비스듬히 짧게 쓴다.

や행

や	い	ゆ	え	よ
야 [ya]	이 [i]	유 [yu]	에 [e]	요 [yo]

❀ 발음

や행은 우리말의 야·유·요를 짧게 발음하듯이 한다. 다만 ゆ는 입술을 앞으로 내밀지 않도록 한다.

やま 산

🍙 ポイント 1, 2, 3획을 이어 쓰듯이 연결하여 쓴다.

ゆかた 유카타
일본 전통 의상

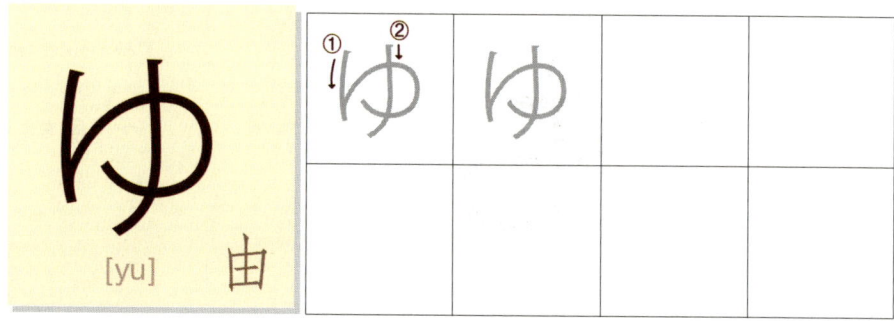

🍙 ポイント 1획은 단숨에 돌려 가운데로 길게 뺀다.

よる 밤

🍙 ポイント 1획은 수평으로 짧게 긋고 2획은 수직으로 내려 긋다가 둥글게 한 다음 멈춘다.

여기까지 열심히 하고 있죠? 자, 다시 한 번 앞에서 공부한 것들을 복습해 봅시다.

ら행

ら	り	る	れ	ろ
라 [ra]	리 [ri]	루 [ru]	레 [re]	로 [ro]

✽ 발음

ら행의 발음은 우리말의 라·리·루·레·로 와 비슷하다. 단, る는 입술이 둥글게 되지 않도록 유의해야 한다.

らーめん 라면

[ra] 良

🍙 ポイント う가 되지 않도록 유의한다.

りんご 사과

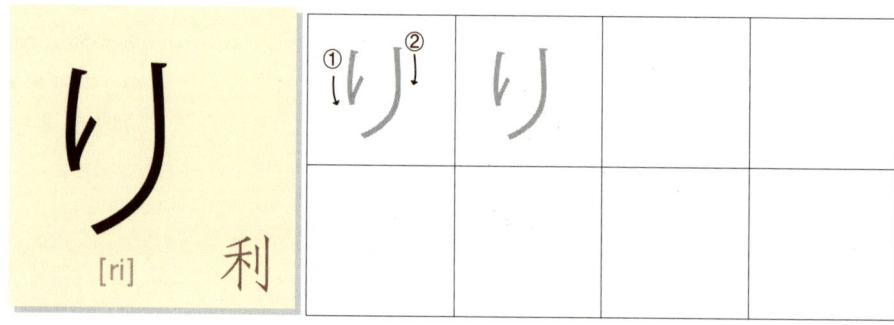
[ri] 利

🍙 ポイント 2획보다 1획의 길이를 짧게 수직으로 내린다. い가 되지 않도록 한다.

るす 부재중

[ru] 留

🍙 ポイント 1획을 짧게 긋고 꺾어 내리다가 시계방향으로 돌린다. 끝 부분이 밖으로 나가지 않도록 한다.

れいぞうこ 냉장고

[re] 礼

🍙 ポイント □형의 모양으로 2획의 끝 부분을 밖으로 뺀다. ね, わ와 혼동하지 않도록 한다.

ろうそく 촛불

[ro] 呂

🍙 ポイント る와 비슷하게 쓰다가 끝부분을 뺀다. 3자처럼 되지 않도록 한다.

わ행·ん

わ	い	う	え	を	ん
와 [wa]	이 [i]	우 [u]	에 [e]	오 [o]	응 [n·m·ŋ·N]

❋ 발음

わ는 와와 거의 비슷하며, を는 お와 발음은 같지만 조사로만 쓰이는 글자이다.

わりばし
나무젓가락

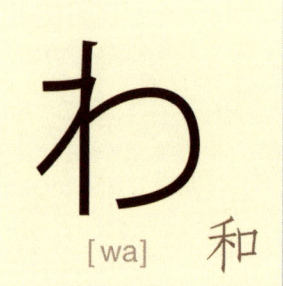
[wa] 和

▶ ポイント　1획을 내려긋고 시계방향으로 돌려 뺀다. ね, れ의 구별에 유의한다.

そらを みる
하늘을 보다

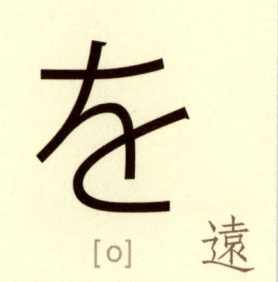
[o] 遠

▶ ポイント　1획을 짧게 긋고 2획은 영어의 h자처럼 쓴 다음, 3획으로 균형을 잡는다. 끝 부분은 멈춘다.

かば**ん** 가방

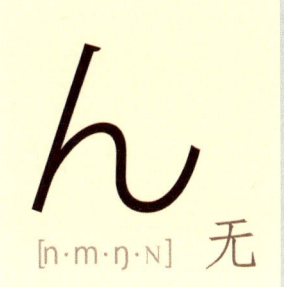
[n·m·ŋ·N] 无

🍙 ポイント　△형모양의 글자로 영어의 필기체 *h*자처럼 쓰되 밖으로 넉넉하게 뺀다.

연습

★ [ㄴ]으로 발음 [さ·ざ·た·だ·な·ら]행의 앞
　は**ん**たい[反對] 반대　　う**ん**どう[運動] 운동

★ [ㅁ]으로 발음 [ま·ば·ぱ]행의 앞
　ぶ**ん**めい[文明] 문명　　し**ん**ぶん[新聞] 신문

★ [ㅇ]으로 발음 [あ·か·が·や·わ]행의 앞 또는 [ん]으로 끝날 때
　に**ん**げん[人間] 인간　　で**ん**わ[電話] 전화

위에있는 연습문장들도 열심히 잘 배워 보아요.

2. 탁음

탁음이란, か·さ·た·は행의 오른쪽 윗부분에 탁점 [゛]을 찍어 흐린 소리가 나오는 것을 말한다.

が행

が	ぎ	ぐ	げ	ご
가 [ga]	기 [gi]	구 [gu]	게 [ge]	고 [go]

❋ **발음**
が행은 우리말의 단어 중간에 있는 가·기·구·게·고 와 비슷하다.

がっこう
학교

が
[ga]

🍙 **ポイント** か의 오른쪽 어깨에 탁점(゛)을 찍는다. 너무 멀리 찍지 않는다.

ぎんこう
은행

ぎ
[gi]

🍙 **ポイント** き의 오른쪽 어깨에 탁점(゛)을 찍는다. 너무 멀리 찍지 않는다.

ぐあい [具合]
상태

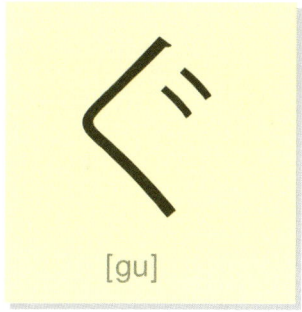

[gu]

🍙 ポイント く의 오른쪽 어깨에 탁점(゛)을 찍는다. 너무 멀리 찍지 않는다.

げた 게따

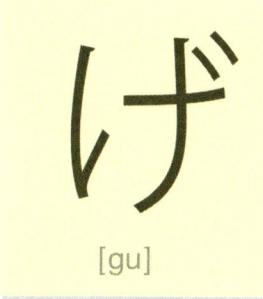

[gu]

🍙 ポイント け의 오른쪽 어깨에 탁점(゛)을 찍는다. 너무 멀리 찍지 않는다.

ごみばこ
쓰레기통

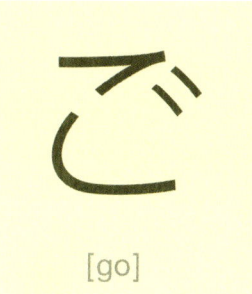

[go]

🍙 ポイント こ의 오른쪽 어깨에 탁점(゛)을 찍는다. 너무 멀리 찍지 않는다.

ざ 행

ざ	じ	ず	ぜ	ぞ
자 [za]	지 [ji]	즈 [zu]	제 [ze]	조 [zo]

✽ 발음

ざ 행의 발음은 우리말의 [zi] 로 발음된다. 우리말의 자·지·즈·제·조 음과 비슷하다.

ざるそば
자루소바

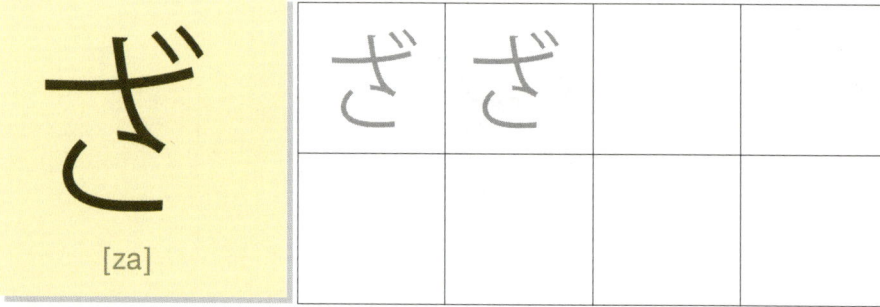

[za]

🍱 **ポイント** さ의 오른쪽 어깨에 탁점(゛)을 찍는다. 너무 멀리 찍지 않는다.

じかん
시간

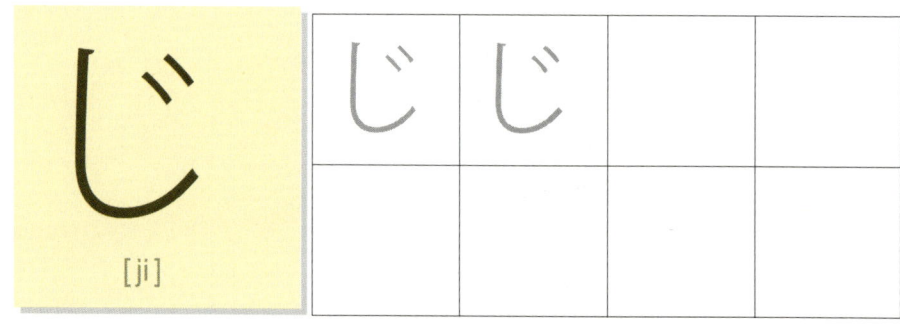

[ji]

🍱 **ポイント** し에 탁점(゛)이 너무 멀거나 가깝지 않도록 한다.

すずめ [雀]
참새

[zu]

🍙 ポイント　ず는 동그라미를 너무 크게 만들지 않는다.
　　　　　　탁점(゛)은 동그라미 옆이 아닌 우측상단이다.

ぜひ 꼭

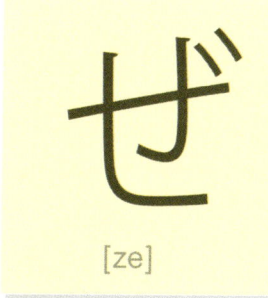

[ze]

🍙 ポイント　ぜ는 2획을 그을 때 너무 길게 해서 3획 끝에 닿으면 안된다.

ぞう [象]
코끼리

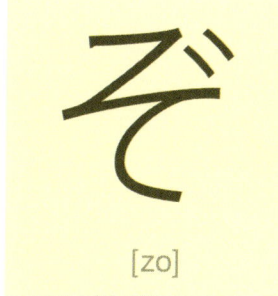

[zo]

🍙 ポイント　빨리 쓰다보면 흘림체가 되어 한 획처럼 보이므로 또박또박 써보자.

だ행   だ　ぢ　づ　で　ど
다 [da]　지 [ji]　즈 [zu]　데 [de]　도 [do]

🌸 발음

だ행 중 だ·で·ど는 단어 중간의 다·데·도 음과 비슷하다. ぢ와 づ는 각각 じ와 ず음과 발음이 같다.

だいこん
무

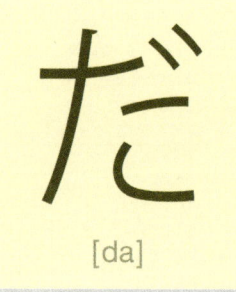

だ [da]

🍱 ポイント　た의 오른쪽 어깨에 탁점(゛)을 찍는다. 너무 멀리 찍지 않는다.

ちぢむ
줄어들다

ぢ [ji]

 ポイント　ぢ는 탁점이 너무 1획에 닿지 않도록 한다.

つづく
계속되다

づ
[zu]

🍙 ポイント　つ는 너무 작게 쓰면 촉음과 구분이 안되므로 넉넉히 쓰고 탁점(ﾞ)을 찍는다.

でぐち
출구

で
[de]

🍙 ポイント　で는 て의 둥근 부분이 좌우 어느쪽으로든 치우치면 안된다.

どうぶつ
동물

ど
[do]

🍙 ポイント　ど는 1획을 2획의 둥근 허리부분에 걸치지말고 중간경사면에 긋고 탁음을 찍는다.

ば행

ば　び　ぶ　べ　ぼ
바 [ba]　비 [bi]　부 [bu]　베 [be]　보 [bo]

✿ 발음

ば행은 우리말의 바·비·부·베·보 음과 비슷하나 어두자음의 ㅂ은 [p]이므로 주의해야 한다.

ばか
바보, 멍청이

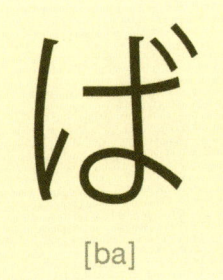
[ba]

🍙 ポイント　は의 오른쪽 어깨에 탁점(゛)을 찍는다

はなび
불꽃놀이

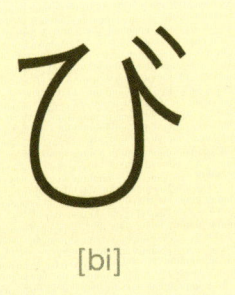
[bi]

🍙 ポイント　ひ의 오른쪽 어깨에 탁점(゛)을 찍는다

ぶらんこ
그네

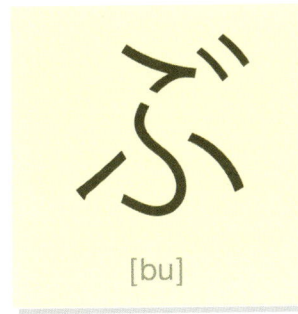

[bu]

🍙 ポイント　ふ의 오른쪽 어깨에 탁점(゛)을 찍는다

べんとう
도시락

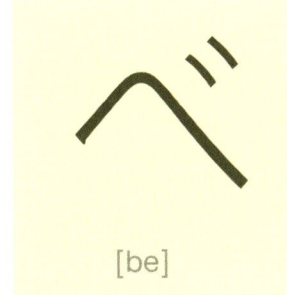

[be]

🍙 ポイント　へ의 오른쪽 어깨에 탁점(゛)을 찍는다

ぼく 나

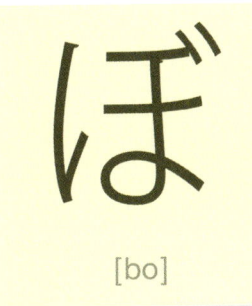

[bo]

🍙 ポイント　ほ의 오른쪽 어깨에 탁점(゛)을 찍는다

3. 반탁음

반탁음이란, は행의 오른쪽 윗부분에 반탁점 [°]을 찍어 나타내며 된소리로 발음한다.

ぱ 행	ぱ	ぴ	ぷ	ぺ	ぽ
	파 [pa]	피 [pi]	푸 [pu]	페 [pe]	포 [po]

✽ 발음
우리말의 파・피・푸・페・포에 가깝다. 단, 단어의 중간에서는 빠・삐・뿌・뻬・뽀에 가까운 발음이다.

ぱたぱた
탁탁

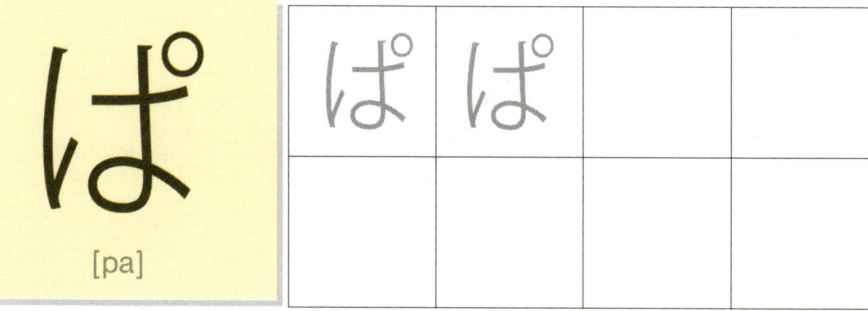

[pa]

🍣 ポイント　は의 오른쪽 어깨에 반탁점(°)을 찍는다. 너무 멀리 찍지 않는다.

ぴかぴか
번쩍번쩍

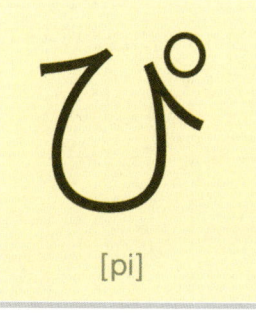

[pi]

🍣 ポイント　ひ의 오른쪽 어깨에 반탁점(°)을 찍는다. 너무 멀리 찍지 않는다.

ぷかぷか
뻐끔뻐끔

[pu]

🍱 ポイント　ふ의 오른쪽 어깨에 반탁점(゚)을 찍는다. 너무 멀리 찍지 않는다.

ぺこぺこ
굽실굽실

[pe]

🍱 ポイント　へ의 오른쪽 어깨에 반탁점(゚)을 찍는다. 너무 멀리 찍지 않는다.

ぽかぽか
포근포근

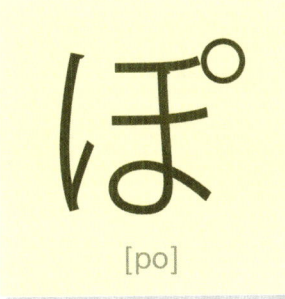

[po]

🍱 ポイント　ほ의 오른쪽 어깨에 반탁점(゚)을 찍는다. 너무 멀리 찍지 않는다.

4. 요음

요음이란, い단의 자음 즉, き·ぎ·し·じ·ち·に·ひ·び·ぴ·み·り에 작은 ゃ·ゅ·ょ를 오른쪽 밑에 붙여서 짧게 한음절로 발음하면 된다.

きゃ·きゅ·きょ·ぎゃ·ぎゅ·ぎょ…

きゃ 캬 [kya]	きゃ			ぎゃ 갸 [gya]	ぎゃ		
きゅ 큐 [kyu]	きゅ			ぎゅ 규 [gyu]	ぎゅ		
きょ 쿄 [kyo]	きょ			ぎょ 교 [gyo]	ぎょ		

연습
きゃく [客] 손님
きゅうか [休暇] 휴가
きょねん [去年] 작년

연습
ぎゃく 반대
ぎゅうにゅう [牛乳] 우유
ぎょうれつ 행렬 : 열을 지어서 걸음

しゃ·しゅ·しょ·じゃ·じゅ·じょ…

しゃ 샤 [sha]	しゃ			じゃ 쟈 [ja]	じゃ		
しゅ 슈 [shu]	しゅ			じゅ 쥬 [ju]	じゅ		
しょ 쇼 [sho]	しょ			じょ 죠 [jo]	じょ		

연습
しゃしん [写真] 사진
しゅみ [趣味] 취미
しょくじ [食事] 식사

연습
じゃがいも 감자
じゅうしょ [住所] 주소
じょせい [女性] 여성

ちゃ・ちゅ・ちょ・ぢゃ・ぢゅ・ぢょ…

ちゃ 챠 [cha]	ちゃ			ぢゃ 쟈 [ja]	ぢゃ		
ちゅ 츄 [chu]	ちゅ			ぢゅ 쥬 [ju]	ぢゅ		
ちょ 쵸 [cho]	ちょ			ぢょ 죠 [jo]	ぢょ		

연습 ちゃ[お茶] 차
ちゅうもん[注文] 주문
ちょうかん[朝刊] 조간

にゃ・にゅ・にょ・ひゃ・ひゅ・ひょ…

にゃ 냐 [nya]	にゃ			ひゃ 햐 [hya]	ひゃ		
にゅ 뉴 [nyu]	にゅ			ひゅ 휴 [hyu]	ひゅ		
にょ 뇨 [nyo]	にょ			ひょ 효 [hyo]	ひょ		

연습 こんにゃく 곤약
にゅうがく[入学] 입학
てんにょ[仙女] 선녀

연습 ひゃく[百] 100
ひょうき[表記] 표기

びゃ・びゅ・びょ・ぴゃ・ぴゅ・ぴょ…

びゃ 뱌 [bya]	びゃ			ぴゃ 퍄 [pya]	ぴゃ		
びゅ 뷰 [byu]	びゅ			ぴゅ 퓨 [pyu]	ぴゅ		
びょ 뵤 [byo]	びょ			ぴょ 표 [pyo]	ぴょ		

연습
さんびゃく [三百] 300
びゅうびゅう 휙~휙~
びょういん [病院] 병원

연습
ろっぴゃく [六百] 600
ぴゅうぴゅう 바람소리가 씽~씽~
ぴょんぴょん 깡충깡충

みゃ・みゅ・みょ・りゃ・りゅ・りょ…

みゃ 먀 [mya]	みゃ			りゃ 랴 [rya]	りゃ		
みゅ 뮤 [myu]	みゅ			りゅ 류 [ryu]	りゅ		
みょ 묘 [myo]	みょ			りょ 료 [ryo]	りょ		

연습
みゃく [脈] 맥
みょうじ [名字] 성

연습
りゃくず [略図] 약도
りゅうこう 유행
りょこう [旅行] 여행

모양이 비슷한 ひらがな

あ a	お o		い i	り ri
う u	ら ra		き ki	さ sa
こ ko	て te		た ta	な na
ぬ nu	め me		は ha	ほ ho
ま ma	も mo		る ru	ろ ro
ね ne	れ re	わ wa		

총연습 ひらがな

あ	か	さ	た	な	は	ま	や	ら	わ	ん
い	き	し	ち	に	ひ	み	い	り	い	
う	く	す	つ	ぬ	ふ	む	ゆ	る	う	
え	け	せ	て	ね	へ	め	え	れ	え	
お	こ	そ	と	の	ほ	も	よ	ろ	を	

が	ざ	だ	ば	ぱ
ぎ	じ	ぢ	び	ぴ
ぐ	ず	づ	ぶ	ぷ
げ	ぜ	で	べ	ぺ
ご	ぞ	ど	ぼ	ぽ

きゃ	きゅ	きょ	ぎゃ	ぎゅ	ぎょ
しゃ	しゅ	しょ	じゃ	じゅ	じょ
ちゃ	ちゅ	ちょ	ぢゃ	ぢゅ	ぢょ
にゃ	にゅ	にょ	ひゃ	ひゅ	ひょ
びゃ	びゅ	びょ	ぴゃ	ぴゅ	ぴょ
みゃ	みゅ	みょ	りゃ	りゅ	りょ

カタカナ

🌼 미리알아두기

글자의 유래

ア阿	カ加	サ散	タ多	ナ奈	ハ八	マ末	ヤ也	ラ良	ワ和
イ伊	キ幾	シ之	チ千	ニ二	ヒ比	ミ三		リ利	
ウ宇	ク久	ス須	ツ川	ヌ奴	フ不	ム牟	ユ由	ル流	
エ江	ケ介	セ世	テ天	ネ祢	ヘ部	メ女		レ礼	
オ於	コ己	ソ曾	ト止	ノ乃	ホ保	モ毛	ヨ与	ロ呂	ヲ乎 ン爾

청음이란, 일본어의 오십음도에 나와 있는 음들을 말한다. 성대에 손을 대고 발음을 해보면 거의 떨림이 없이 일정하다는 것을 알 수 있다.

ア행

ア	イ	ウ	エ	オ
아 [a]	이 [i]	우 [u]	에 [e]	오 [o]

🌸 **발음**

ア행의 발음은 우리말의 아·이·우·에·오 와 비슷하지만, ウ와 オ는 입술을 둥글게 하지 않고 발음하며, ウ는 우리말의 으 와 우 의 중간 발음에 가깝다.

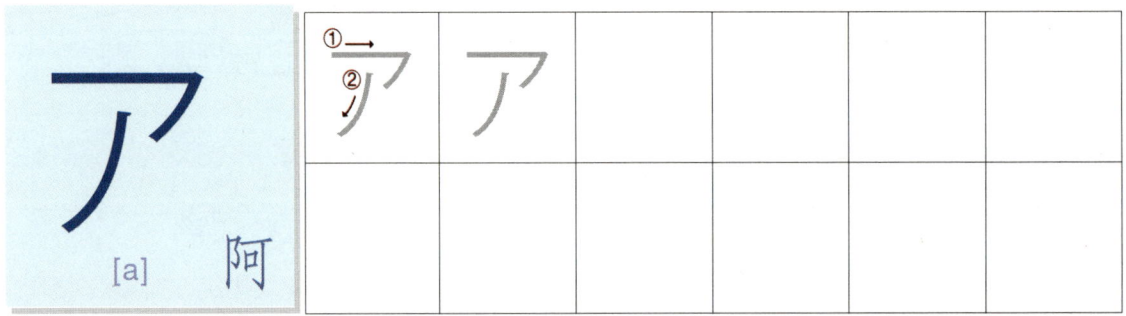

🍙 **ポイント** マ와 혼동하지 않게 하고 2획은 가운데 중심에서 비스듬히 삐쳐 왼쪽으로 내려 긋는다.

🍙 **ポイント** 1획은 약간 가볍게 삐치며 한자의 사람인 변과 같이 쓴다.

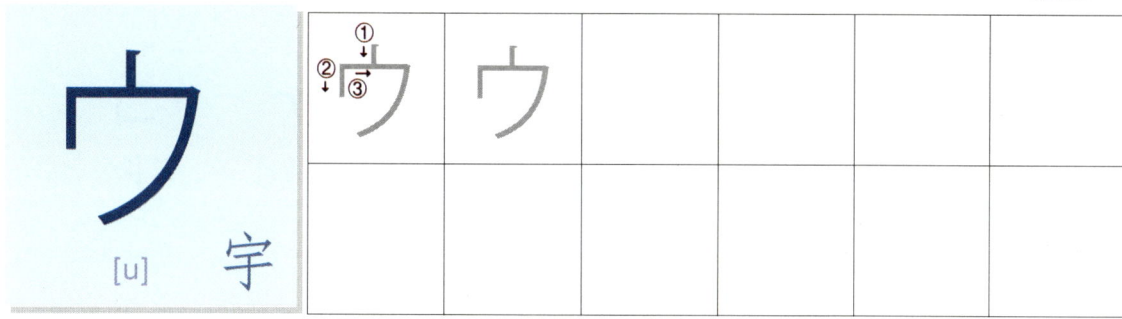

🍙 ポイント　ラ와 혼동하지 않도록 하며 3획은 너무 길지 않게 비스듬히 꺾어내려 긋는다.

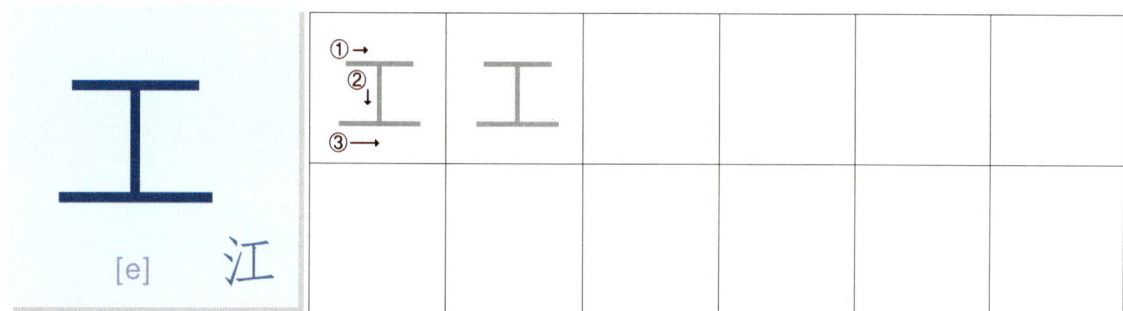

🍙 ポイント　1획을 3획보다 짧게 쓰며 그와 혼동하지 않게 쓴다. H자 눕힌것.

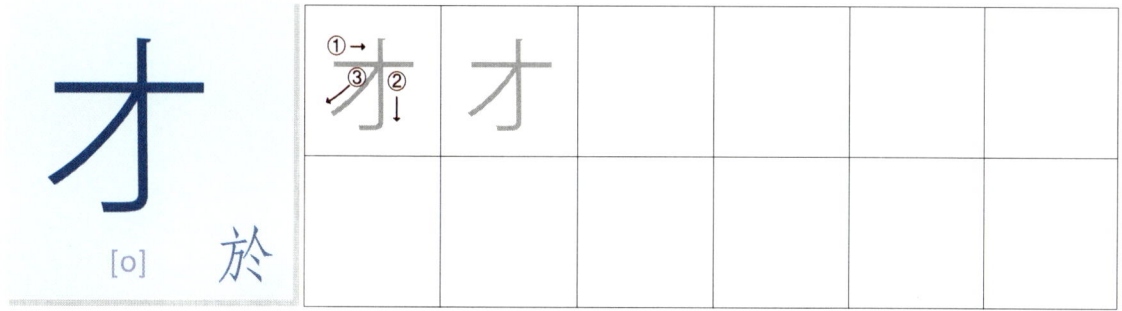

🍙 ポイント　2획은 수직으로 내려 그은 후 삐쳐 올리고 3획은 끝이 나오지 않게 비스듬히 내려 긋는다.

カ 행

カ	キ	ク	ケ	コ
카 [ka]	키 [ki]	쿠 [ku]	케 [ke]	코 [ko]

❋ **발음**

カ행의 발음은 우리말의 가·기·구·게·고 보다는 약간 된소리이지만 카·키·쿠·케·코 처럼 너무 강하게 발음하면 안된다.

カ [ka] 加

ポイント 1획과 2획은 쌍을 이루도록 하고 힘 력力자를 쓰듯이 한다.

キ [ki] 幾

ポイント 1획과 2획은 비스듬히 쌍을 이루도록 하고 3획은 비스듬히 아래로 내려 긋는다.

🍙 ポイント　1획과 2획은 쌍을 이루도록 하고 2획을 길게 비스듬히 내려 긋는다.
　　　　　　 夕 와 혼동하지 않도록 한다.

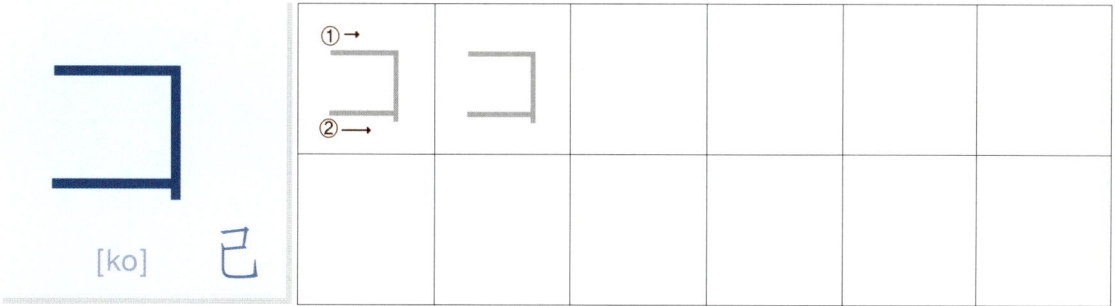

🍙 ポイント　1획과 3획은 평행이 되게 하며 각 획의 방향에 유의하며 쓴다.

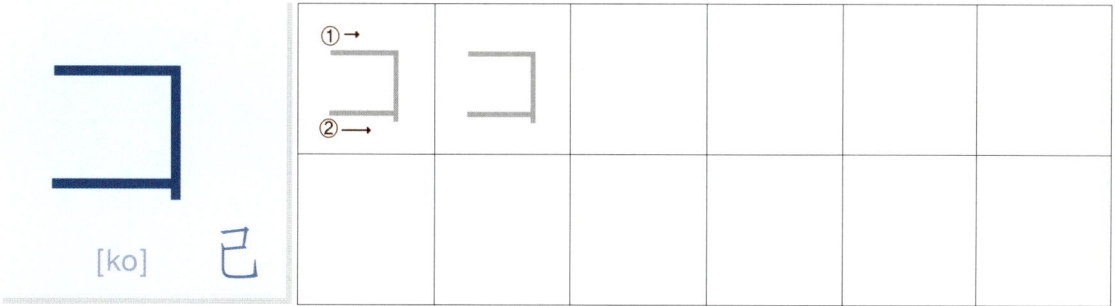

🍙 ポイント　1획의 세로 획은 직각으로 내려긋고 2획은 밖으로 삐치지 않도록 한다.
　　　　　　 그 와 혼동하지 않도록 한다.

サ행   サ　シ　ス　セ　ソ
사 [sa]　시 [shi]　스 [su]　세 [se]　소 [so]

🌸 발음
サ행은 우리말의 사・시・스・세・소를 부드럽게 발음하듯이 한다. 입은 크게 벌리지 않는 것이 좋다.

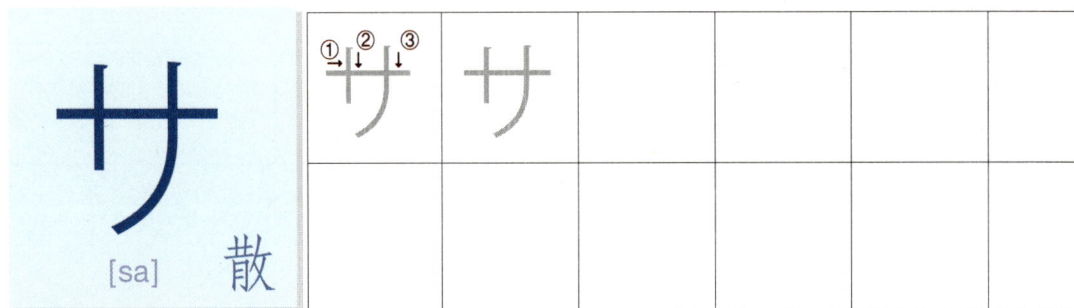

🍙 ポイント　2획은 똑바로 내려 긋고 3은 비스듬히 세로로 내려 긋는다.

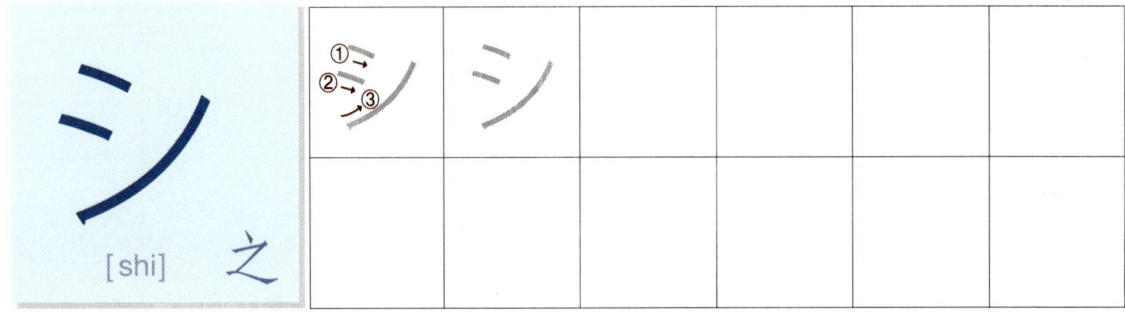

🍙 ポイント　3획은 밑에서 위로 삐쳐 올린다. ツ와 혼동하지 않도록 한다.

🍙 ポイント　2획은 1획의 삐침 중간에 위치하여 너무 짧지 않도록 긋는다.
　　　　　　ヌ와 혼동하지 않도록 한다.

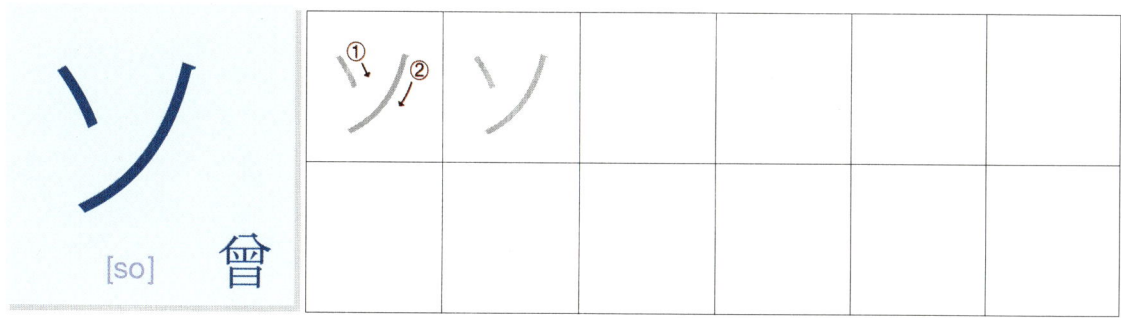

🍙 ポイント　1획의 오른쪽이 약간 올라가서 각이 지게 꺾는다.

🍙 ポイント　마름모꼴이 되도록 2획은 비스듬히 내려긋는다. ン과 혼동하지 않는다.

タ행

タ　チ　ツ　テ　ト
타 [ta]　치 [chi]　츠 [tsu]　테 [te]　토 [to]

❋ 발음
タ・テ・ト 는 타・테・토 보다 약하게 발음하되 단어의 중간에 있을 때는 따・떼・또 보다 약하게 들린다.

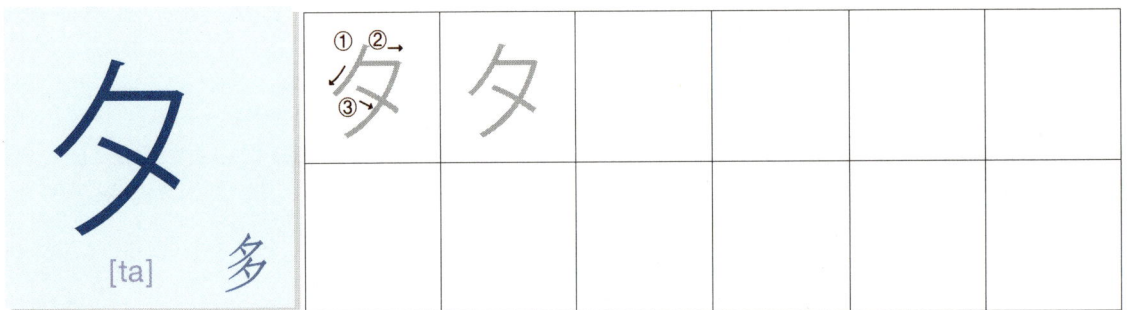

🍙 ポイント　1과 2는 쌍을 이루도록 하고 가운데 점이 중앙에 오도록 한다. ク와 혼동 유의.

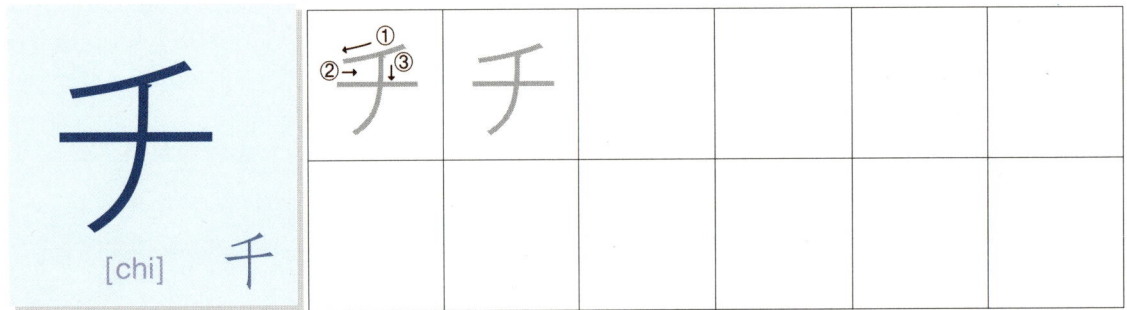

🍙 ポイント　1획은 약간 비스듬히 오른쪽에서 왼쪽으로 2획은 좌에서 우로 약간 휘도록 올린다.

ツ [tsu] 川

ポイント 1, 2획은 위에서 아래로 점을 찍듯이 하고 3획은 비스듬히 중앙을 향하여 내려 긋는다.

テ [te] 天

ポイント 1획보다 2획을 길게 하고 3획은 중앙에서 왼쪽으로 비스듬히 내려긋는다.

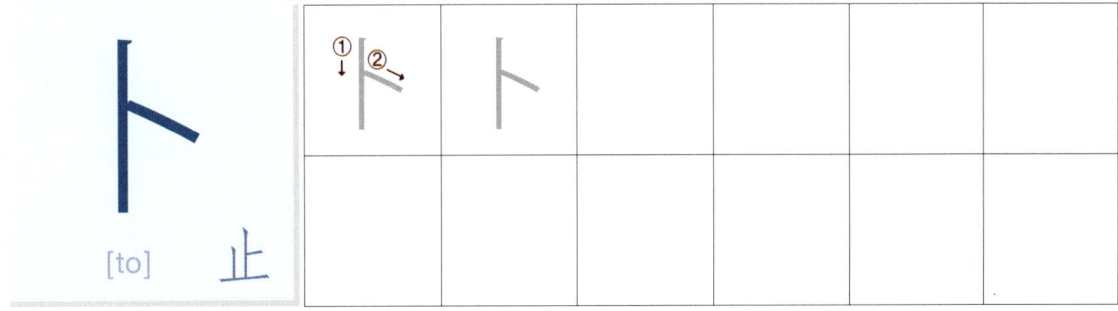

ト [to] 止

ポイント 2획은 위쪽에서 아래로 찍는다.

ナ행

ナ　ニ　ヌ　ネ　ノ
나 [na]　니 [ni]　누 [nu]　네 [ne]　노 [no]

✻ 발음
ナ행은 우리말의 나·니·누·네·노 음과 비슷하게 발음한다.

ナ [na] 奈

ポイント 2획은 약간 왼쪽으로 휘도록 내려긋는다.

二 [ni] 二

ポイント 1획과 2획이 쌍을 이루도록 하고 2획을 약간 길게 긋는다.

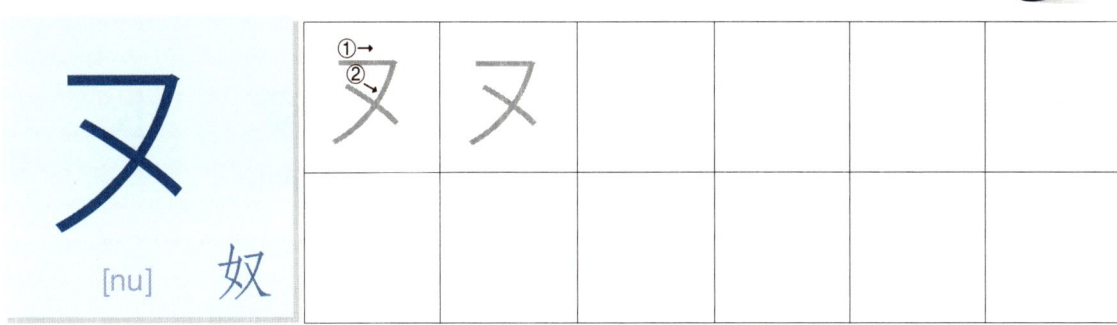

🍙 ポイント 2획의 점이 중앙에 오도록 한다. ス와 혼동 유의.

🍙 ポイント 1획의 점이 중앙에 오도록 하여 마름모꼴이 되도록 한다.

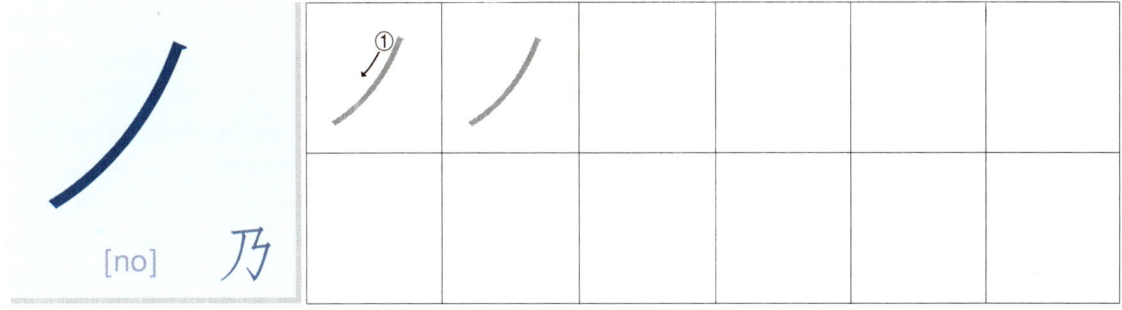

🍙 ポイント 위에서 아래로 단순에 비스듬히 삐쳐 쓴다.

ハ행

ハ　ヒ　フ　ヘ　ホ
하 [ha]　히 [hi]　후 [fu]　헤 [he]　호 [ho]

발음

ハ행의 발음은 우리말의 하·히·후·헤·호 음과 비슷하게 발음한다.
フ는 촛불을 끌 때의 입술모양으로 발음한다.

ポイント 한자의 八가 되지 않게 한다.

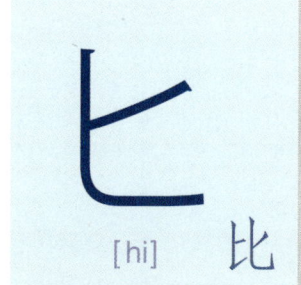

ポイント 1획의 오른쪽이 약간 올라가도록 하여 왼쪽으로 비스듬히 긋는다. 필순에 유의.

🍙 ポイント　평행으로 긋다가 비스듬히 아래로 삐친다.

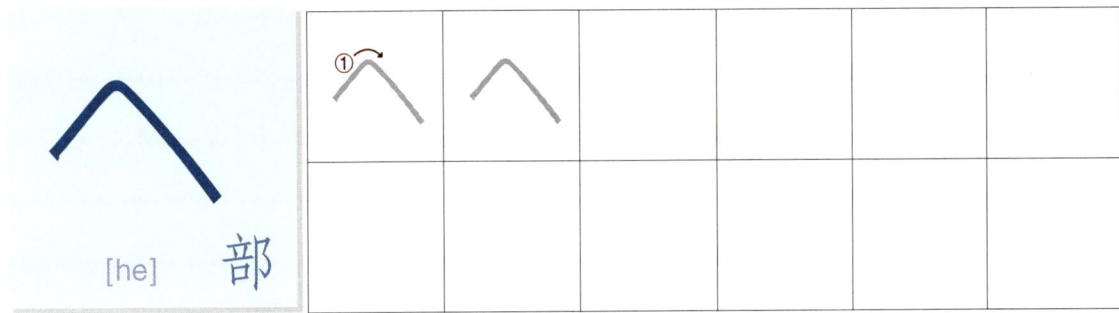

🍙 ポイント　산에서 내려오듯 부드럽게 긋는다.

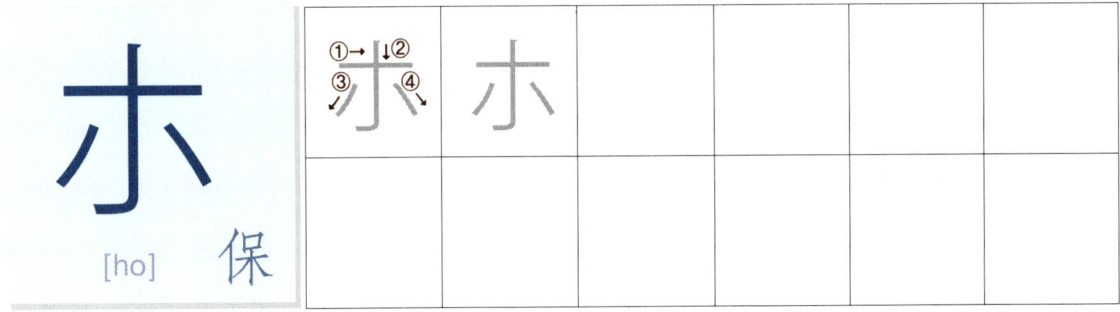

🍙 ポイント　3획과 4획을 연결시키지 않으며 서로 대칭이 되도록 하여 마름모꼴이 되도록 한다.

マ행

マ	ミ	ム	メ	モ
마 [ma]	미 [mi]	무 [mu]	메 [me]	모 [mo]

🌸 **발음**

マ행은 우리말의 마·미·무·메·모 와 같이 양 입술에서 나는 음에 가깝다.

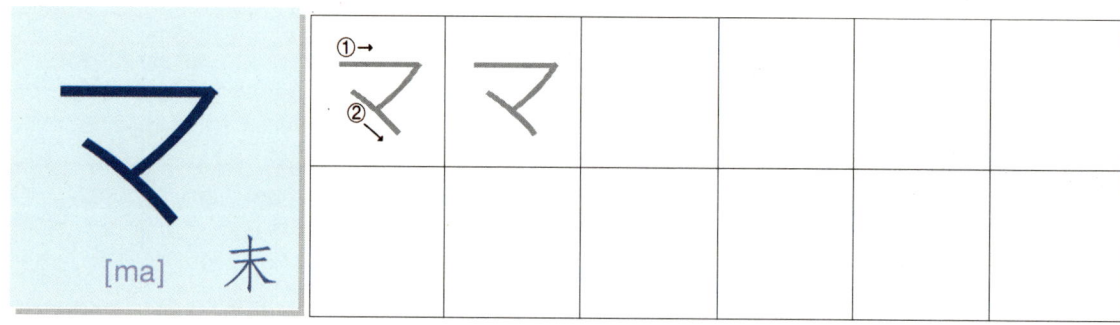

🍙 ポイント 2획의 점이 막아주어 균형있게 쓴다.

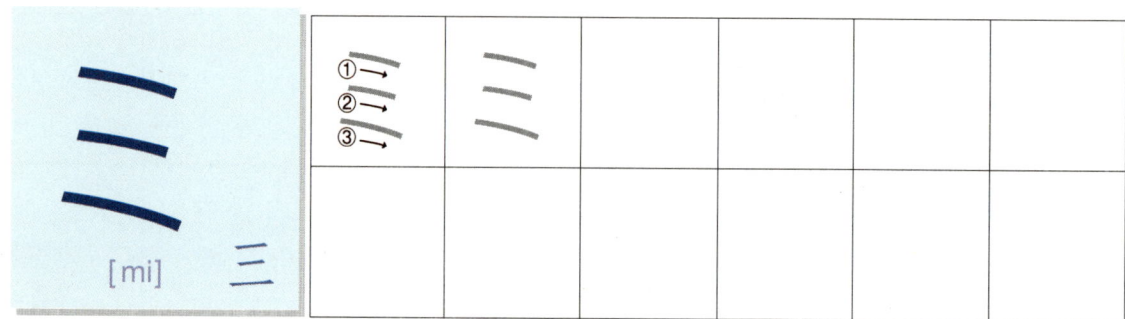

🍙 ポイント 왼쪽에서 오른쪽으로 비스듬히 간격을 일정하게 하여 약간 내려 긋는다.

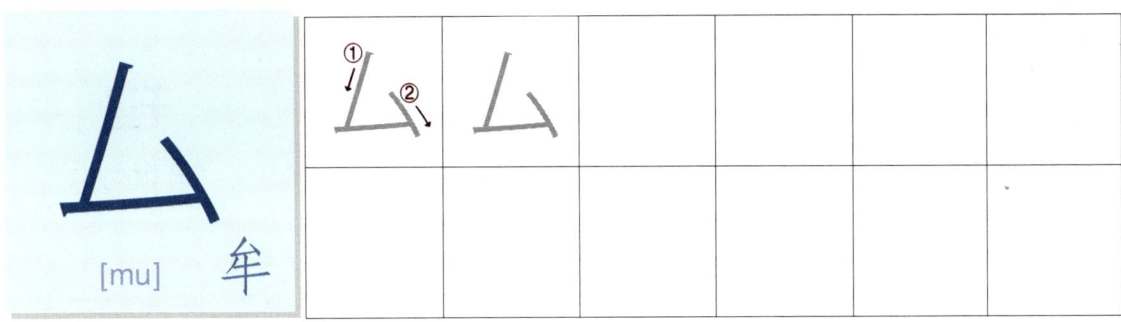

ポイント 한 획 한 획 각지게 쓴다.

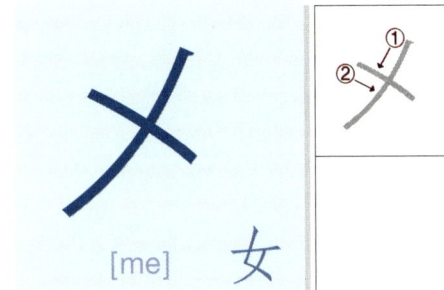

ポイント 1획은 오른쪽에서 왼쪽으로 비스듬히 내려긋고 2획이 중앙에서 약간 위쪽으로 올라간 위치에서 긋는다. 1획보다 2획을 짧게 쓴다.

ポイント 1획보다 2획을 길게 쓰며 3획은 곧게 내린다.

ヤ행

ヤ 야 [ya]　イ 이 [i]　ユ 유 [yu]　エ 에 [e]　ヨ 요 [yo]

🌸 발음

ヤ행은 우리말의 야·유·요를 짧게 발음하듯이 한다. 다만 ユ 는 입술을 앞으로 내밀지 않도록 한다.

🔹 ポイント　1획의 오른쪽을 약간 올리고 안으로 삐친 후 2획을 비스듬히 교차시켜 내려 쓴다.

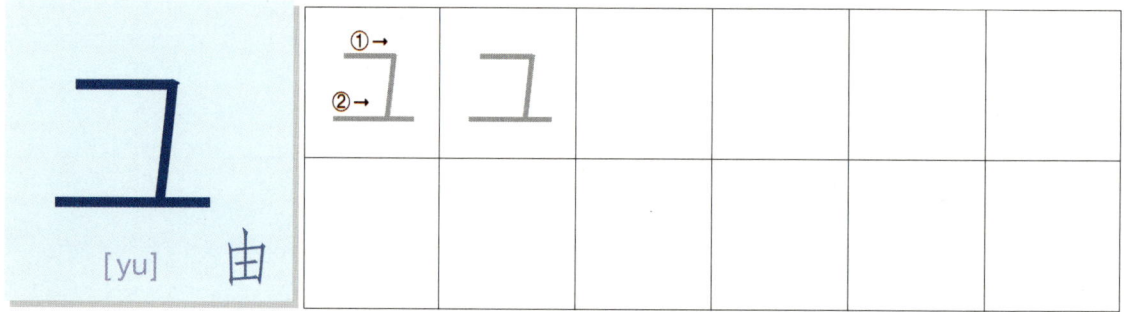

🔹 ポイント　1획의 세로획을 약간 비스듬히 내리고 그 선과 만나도록 옆으로 긋는다. 그와 혼동하지 않도록 한다.

ヨ [yo] 与

ポイント　1획과 2, 3획의 간격을 균형있게 하며 1획의 세로 획을 비스듬히 긋는다.

ラ행

ラ　リ　ル　レ　ロ
라 [ra]　리 [ri]　루 [ru]　레 [re]　로 [ro]

🌸 발음

ラ행의 발음은 우리말의 라·리·루·레·로 와 비슷하다. 단, ル는 입술이 둥글게 되지 않도록 유의해야 한다.

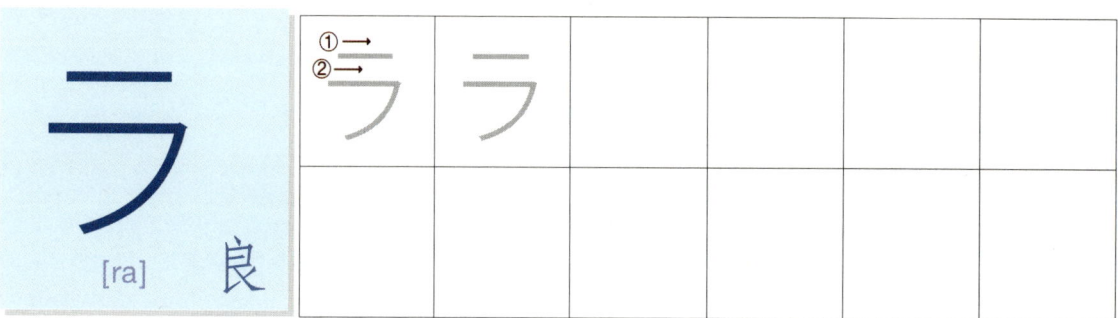

🍙 ポイント　1획을 2획보다 길지 않게 하고 적당한 간격을 유지시킨다. ウ가 되지 않도록 유의한다.

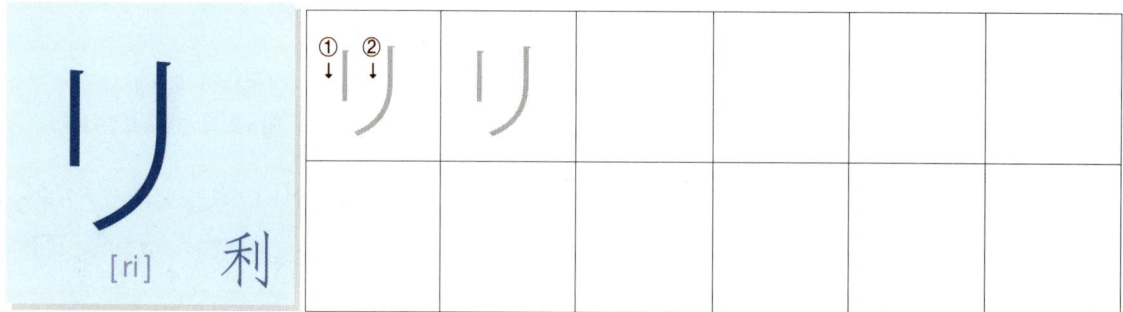

🍙 ポイント　1획과 2획이 평행이 되도록 하고 2획을 길게 왼쪽으로 내려 긋는다.

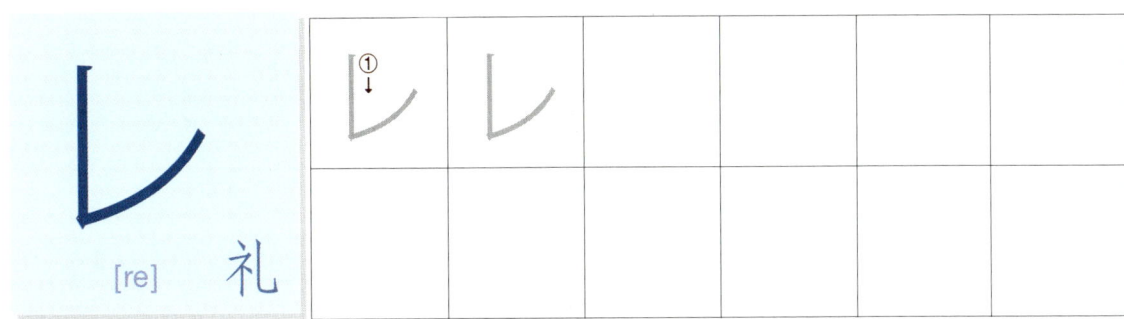

ル [ru] 流

🍙 ポイント 1획을 약간 작게 삐치고 2획을 세로로 그었다 꺾어 올린다.

レ [re] 礼

🍙 ポイント 우리말의 ㄴ받침이 되지 않도록 하고 단숨에 보기 좋게 꺾어 올린다.

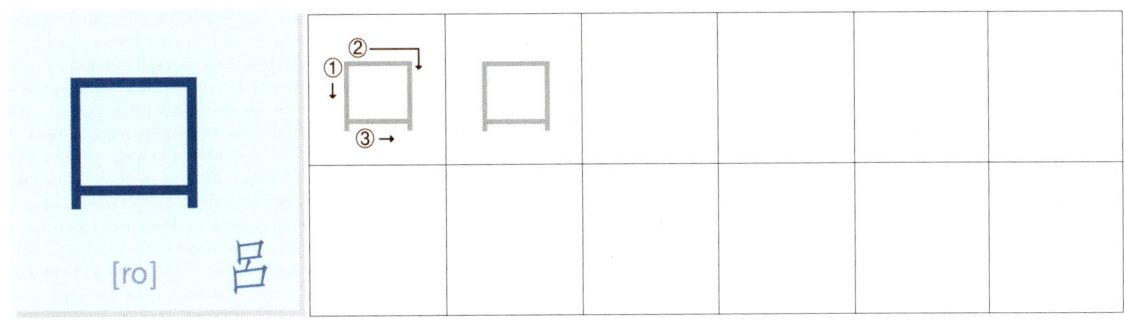

ロ [ro] 呂

🍙 ポイント 우리말의 ㅁ받침 보다 약간 작게 쓴다.

ワ행·ン	ワ イ ウ エ ヲ ン
	와 [wa]　이 [i]　우 [u]　에 [e]　오 [o]　응 [n·m·ŋ·N]

❋ 발음

ワ는 와와 거의 비슷하며, ヲ는 조사로만 쓰이는 글자이다.

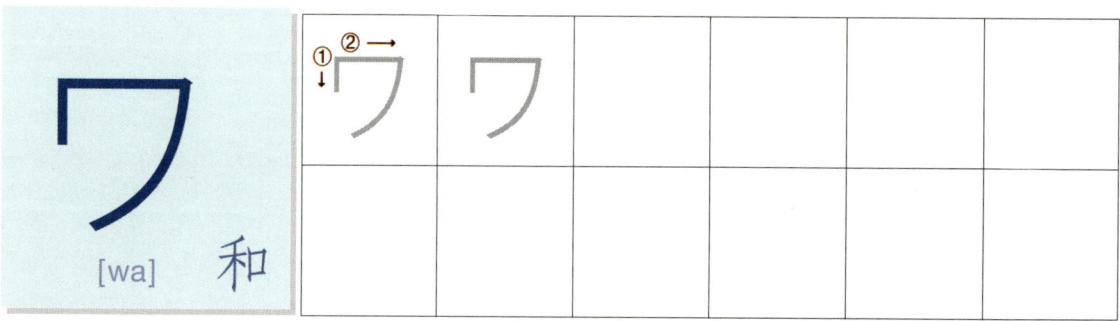

ワ [wa] 和

🍙 ポイント　1획을 똑바로 짧게 내려 그은 후 2획을 안쪽으로 꺾어 균형있게 쓴다.

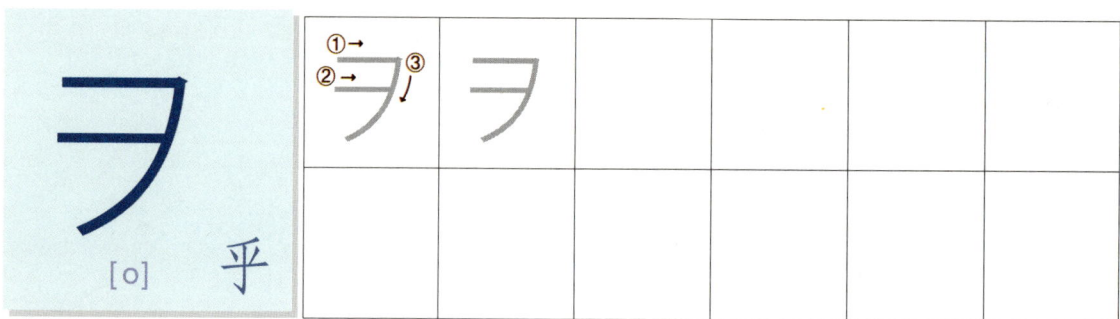

ヲ [o] 乎

🍙 ポイント　1획과 2획을 쌍을 이루도록 한다.

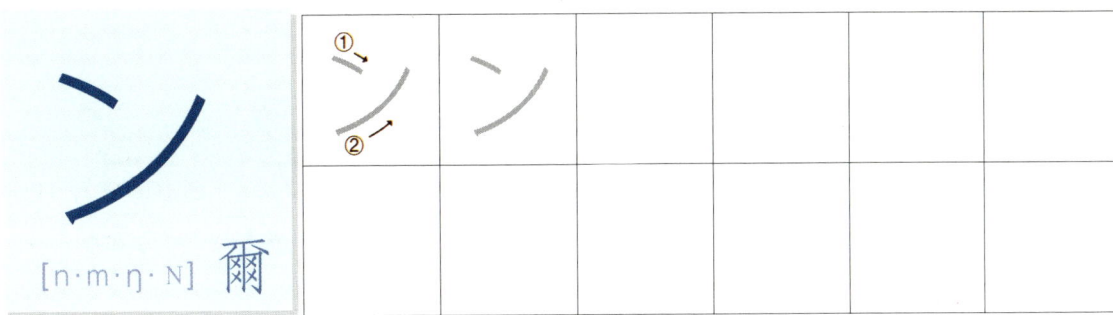

[n·m·ŋ·N] 爾

🍙 ポイント 점의 방향에 유의하고 2획은 밑에서 위로 삐쳐 올린다.

2. 탁음

탁음이란, カ・サ・タ・ハ행의 오른쪽 윗 부분에 탁점 [゛]을 찍어 흐린 소리가 나오는 것을 말한다.

ガ행

ガ	ギ	グ	ゲ	ゴ
가 [ga]	기 [gi]	구 [gu]	게 [ge]	고 [go]

❋ 발음

ガ행은 우리말의 단어 중간에 있는 가・기・구・게・고 와 비슷하다.

ガ 가 [ga]

ポイント カ의 오른쪽 어깨에 탁점(゛)을 찍는다. 너무 멀리 찍지 않는다.

ギ 기 [gi]

ポイント キ의 오른쪽 어깨에 탁점(゛)을 찍는다.

グ 구 [gu]

ポイント ク의 오른쪽 어깨에 탁점(゛)을 찍는다.

ゲ 게 [ge]

ポイント ケ의 오른쪽 어깨에 탁점(゛)을 찍는다.

ゴ 고 [go]

ポイント コ의 오른쪽 어깨에 탁점(゛)을 찍는다.

ザ행

ザ	ジ	ズ	ゼ	ゾ
자 [za]	지 [ji]	즈 [zu]	제 [ze]	조 [zo]

🌸 발음

ザ행의 발음은 우리말의 자·지·즈·제·조 음과 비슷하다.

ザ 자 [za]

ザ

🍱 ポイント　サ의 오른쪽 어깨에 탁점(〝)을 찍는다.

ジ 지 [ji]

ジ

🍱 ポイント　シ의 오른쪽 어깨에 탁점(〝)을 찍는다.

ズ 즈 [zu]

ズ

🍱 ポイント　ス의 오른쪽 어깨에 탁점(〝)을 찍는다.

ゼ 제 [ze]

ゼ

🍱 ポイント　セ의 오른쪽 어깨에 탁점(〝)을 찍는다.

ゾ 조 [zo]

ゾ

🍱 ポイント　ソ의 오른쪽 어깨에 탁점(〝)을 찍는다.

ダ행

ダ	ヂ	ヅ	デ	ド
다 [da]	지 [ji]	즈 [zu]	데 [de]	도 [do]

🌸 **발음**

ダ행 중 ダ・デ・ド는 단어 중간의 다・데・도 음과 비슷하다 ヂ와 ヅ는 각각 ジ와 ズ음과 발음이 같다.

ダ 다 [da]

ダ							

🍱 ポイント タ의 오른쪽 어깨에 탁점(゛)을 찍는다. 너무 멀리 찍지 않는다.

ヂ 지 [ji]

ヂ							

🍱 ポイント チ의 오른쪽 어깨에 탁점(゛)을 찍는다.

ヅ 즈 [zu]

ヅ	ヅ						

🍱 ポイント ツ의 오른쪽 어깨에 탁점(゛)을 찍는다.

デ 데 [de]

デ							

🍱 ポイント テ의 오른쪽 어깨에 탁점(゛)을 찍는다.

ド 도 [do]

ド							

🍱 ポイント ト의 오른쪽 어깨에 탁점(゛)을 찍는다.

バ행

バ	ビ	ブ	ベ	ボ
바 [ba]	비 [bi]	부 [bu]	베 [be]	보 [bo]

✿ **발음**

バ행은 우리말의 바·비·부·베·보 음과 비슷하다.

バ 바 [ba]
バ							

🍱 ポイント　ハ의 오른쪽 어깨에 탁점(゛)을 찍는다.

ビ 비 [bi]
ビ							

🍱 ポイント　ヒ의 오른쪽 어깨에 탁점(゛)을 찍는다.

ブ 부 [bu]
ブ							

🍱 ポイント　フ의 오른쪽 어깨에 탁점(゛)을 찍는다.

ベ 베 [be]
ベ							

🍱 ポイント　ヘ의 오른쪽 어깨에 탁점(゛)을 찍는다.

ボ 보 [bo]
ボ							

🍱 ポイント　ホ의 오른쪽 어깨에 탁점(゛)을 찍는다.

3. 반탁음

반탁음이란, ハ행의 오른쪽 윗부분에 반탁점 [°]을 찍어 나타내며 된소리로 발음한다.

パ행	パ	ピ	プ	ペ	ポ
	파 [pa]	피 [pi]	푸 [pu]	페 [pe]	포 [po]

✿ 발음

우리말의 파·피·푸·페·포에 가깝다. 단, 단어의 중간에서는 빠·삐·뿌·뻬·뽀에 가까운 발음이다.

パ 파 [pa]

パ							

🍙 ポイント ハ의 오른쪽 어깨에 반탁점(°)을 찍는다.

ピ 피 [pi]

ピ							

🍙 ポイント ヒ의 오른쪽 어깨에 반탁점(°)을 찍는다.

プ 푸 [pu]

プ							

🍙 ポイント フ의 오른쪽 어깨에 반탁점(°)을 찍는다.

ペ 페 [pe]

ペ							

🍙 ポイント ヘ의 오른쪽 어깨에 반탁점(°)을 찍는다.

ポ 포 [po]

ポ							

🍙 ポイント ホ의 오른쪽 어깨에 반탁점(°)을 찍는다.

4. 요음

요음이란, イ단의 자음 즉, キ・ギ・シ・ジ・チ・ニ・ヒ・ビ・ピ・ミ・リ에 작은 ヤ・ユ・ヨ를 오른쪽 밑에 붙여서 짧게 한 음절로 발음하면 된다.

キャ・キュ・キョ・ギャ・ギュ・ギョ…

캬 [kya]   큐 [kyu]   쿄 [kyo]   갸 [gya]   규 [gyu]   교 [gyo]

キャ 캬 [kya]	キャ		
キュ 큐 [kyu]	キュ		
キョ 쿄 [kyo]	キョ		
ギャ 갸 [gya]	ギャ		
ギュ 규 [gyu]	ギュ		
ギョ 교 [gyo]	ギョ		

シャ・シュ・ショ・ジャ・ジュ・ジョ…

샤 [sha]   슈 [shu]   쇼 [sho]   쟈 [ja]   쥬 [ju]   죠 [jo]

シャ 샤 [sha]	シャ		
シュ 슈 [shu]	シュ		
ショ 쇼 [sho]	ショ		
ジャ 쟈 [ja]	ジャ		
ジュ 쥬 [ju]	ジュ		
ジョ 죠 [jo]	ジョ		

チャ・チュ・チョ・ヂャ・ヂュ・ヂョ…
챠 [cha]　츄 [chu]　쵸 [cho]　쟈 [ja]　쥬 [ju]　죠 [jo]

チャ 챠 [cha]	チャ			ヂャ 쟈 [ja]	ヂャ		
チュ 츄 [chu]	チュ			ヂュ 쥬 [ju]	ヂュ		
チョ 쵸 [cho]	チョ			ヂョ 죠 [jo]	ヂョ		

ニャ・ニュ・ニョ・ヒャ・ヒュ・ヒョ…
냐 [nya]　뉴 [nyu]　뇨 [nyo]　햐 [hya]　휴 [hyu]　효 [hyo]

ニャ 냐 [nya]	ニャ			ヒャ 햐 [hya]	ヒャ		
ニュ 뉴 [nyu]	ニュ			ヒュ 휴 [hyu]	ヒュ		
ニョ 뇨 [nyo]	ニョ			ヒョ 효 [hyo]	ヒョ		

ビャ・ビュ・ビョ・ピャ・ピュ・ピョ…

뱌 [bya]　뷰 [byu]　뵤 [byo]　퍄 [pya]　퓨 [pyu]　표 [pyo]

ビャ 뱌 [bya]	ビャ			ピャ 퍄 [pya]	ピャ		
ビュ 뷰 [byu]	ビュ			ピュ 퓨 [pyu]	ピュ		
ビョ 뵤 [byo]	ビョ			ピョ 표 [pyo]	ピョ		

ミャ・ミュ・ミョ・リャ・リュ・リョ…

먀 [mya]　뮤 [myu]　묘 [myo]　랴 [rya]　류 [ryu]　료 [ryo]

ミャ 먀 [mya]	ミャ			リャ 랴 [rya]	リャ		
ミュ 뮤 [myu]	ミュ			リュ 류 [ryu]	リュ		
ミョ 묘 [myo]	ミョ			リョ 료 [ryo]	リョ		

모양이 비슷한 カタカナ

ア	マ		エ	ユ
a	ma		e	yu

シ	ツ		セ	ヤ
shi	tsu		se	ya

ス	ヌ		ク	ケ
su	nu		ku	ke

ソ	ン		チ	ケ
so	n·m·ŋ·N		chi	ke

テ	ラ		ヲ	ヨ
te	ra		o	yo

ヘ	ハ		ク	タ
he	ha		ku	ta

총연습 カタカナ

ア	カ	サ	タ	ナ	ハ	マ	ヤ	ラ	ワ	ン
イ	キ	シ	チ	ニ	ヒ	ミ	イ	リ	イ	
ウ	ク	ス	ツ	ヌ	フ	ム	ユ	ル	ウ	
エ	ケ	セ	テ	ネ	ヘ	メ	エ	レ	エ	
オ	コ	ソ	ト	ノ	ホ	モ	ヨ	ロ	ヲ	

ガ	ザ	ダ	バ	パ	キャ	キュ	キョ	ギャ	ギュ	ギョ
ギ	ジ	ヂ	ビ	ピ	シャ	シュ	ショ	ジャ	ジュ	ジョ
グ	ズ	ヅ	ブ	プ	チャ	チュ	チョ	ヂャ	ヂュ	ヂョ
ゲ	ゼ	デ	ベ	ペ	ニャ	ニュ	ニョ	ビャ	ビュ	ビョ
ゴ	ゾ	ド	ボ	ポ	ピャ	ピュ	ピョ	ピャ	ピュ	ピョ
					ミャ	ミュ	ミョ	リャ	リュ	リョ

저자 김인숙, 일본어 연구팀
3판 1쇄 2025년 1월 15일
Editorial Director 김인숙
Printing 삼덕정판사

발행인 김인숙
Design 김미선

발행처 디지스
Cartoon 김라임

139-240
서울시 노원구 공릉동 653-5
대표전화 02-967-0700
팩시밀리 02-967-1555
출판등록 제 6-0406호
ISBN 978-89-7582-688-7

ⓒ2025, Donginrang Co., Ltd.

본 교재에 수록되어 있는 모든 내용과 사진, 삽화 등의 무단 전재·복제를 금합니다.

(주)동인랑에서는 참신한 외국어 원고를 모집합니다. e-mail : webmaster@donginrang.co.kr